AF603338

LA MÈRE DE LAMARTINE

Cliché Forestier, Mâcon.

Portrait de la mère de Lamartine.

C. LATREILLE

LA
MÈRE DE LAMARTINE

D'APRÈS DES DOCUMENTS INÉDITS

PARIS ET BRUXELLES
LIBRAIRIE NATIONALE D'ART ET D'HISTOIRE
G. VAN OEST, ÉDITEUR

1925

LA MÈRE DE LAMARTINE
D'APRÈS DES DOCUMENTS INÉDITS

Qui de nous n'a lu les pages enchantées des Confidences *et les notations, plus discrètes, mais si vraies, du* Manuscrit de ma mère *? Cette parfaite « mère de grand homme » revit pour chacun de nous avec la netteté et le charme d'un portrait de famille.*

Est-il donc nécessaire de parler d'elle encore, et de chercher à pénétrer davantage le secret de son esprit et de son cœur ?

Oui, car Lamartine en 1858, lorsqu'il se décidait, pour retarder l'effondrement d'une situation désespérée, à ouvrir ces « archives intimes de famille », y fit des suppressions, ne voulant pas laisser tomber sous « des regards indifférents ou distraits » des détails, qui ne pouvaient avoir d'intérêt, disait-il, que « pour ceux et pour celles à qui cette vertueuse femme a transmis une goutte de son sang ou une parenté de son âme ». Les douze petits cahiers manuscrits, où cette mère s'était ingénûment dévoilée, touchaient trop au vif de cette intimité qu'on avait blâmé le fils d'étaler en spectacle par ses Confidences *et par les* Commentaires *de ses poésies. Il en ajourna indéfiniment la publication.*

Mais après sa mort, les éditeurs de ses œuvres n'étaient pas retenus par les mêmes scrupules : « L'ouvrage, écrivait l'un d'eux, peut paraître en toute convenance maintenant que le fils est allé rejoindre la mère dans le tombeau, et qu'un respect universel s'attache aux moindres souvenirs du grand génie entré dans la postérité [1] ». Pourtant ils s'en tinrent au choix que Lamartine avait fait lui-même dans le Manuscrit.

Notre piété et notre admiration ne sont pas satisfaites ; il ne nous suffit pas que Mme de Parseval, héritière des douze petits cahiers, les ait entr'ouverts pour quelques privilégiés, qui ont pu donner un cachet d'authenticité à certains détails de biographie ou éclairer d'une lumière plus vive cet « inventaire des choses du cœur ».

En attendant qu'une publication intégrale vienne combler nos vœux, nous donnerons ici quelques lettres que cette mère incomparable écrivait à ce fils prédestiné. Conservées pieusement dans les archives de Saint-Point, ces lettres nous ont été confiées par Madame Jean de Noblet, née de Montherot, arrière-petite-fille de la troisième sœur de Lamartine, « ma belle Suzanne », comme disait sa mère.

Celle-ci notait dans son journal, le 11 *mars* 1821 *: « M. de Montherot, un de nos parents, homme de trente-six ans, d'un esprit qu'on dit très distingué et d'une belle figure, a été frappé de ses grâces dans une entrevue qu'il avait indirectement recherchée. » Le mariage se fit ; hélas ! ce ne fut qu'un éclair de bonheur : trois ans plus tard, la mère se penchait avec*

1. Louis de Ronchaud, dans la préface du *Manuscrit de ma Mère*, 8 juillet 1871.

angoisse au chevet du lit, où agonisait sa chère Suzanne. Dans son journal, elle a noté heure par heure les douloureuses étapes de son malheur ; le 4 juillet, elle écrivait : « Ma Suzanne est dans le sein de Dieu depuis avant-hier ».

Une affection fraternelle unit Lamartine à Montherot. Celui-ci faisait des vers et donnait la réplique à son glorieux beau-frère, quand les circonstances de sa vie errante l'éloignaient du cercle de famille [1]. *C'est à lui que Lamartine, du pont de l'*Alceste, *qui le portait en Orient, envoyait le beau souvenir de poète, qui débute par ces vers :*

Ami, plus qu'un ami, frère de sang et d'âme,
Dont l'humide regard me suivit sur la lame,
A travers tant de flots jetés derrière moi,
A travers tant de ciel et d'air, je pense à toi [2].

Ainsi Lamartine enchâssait pour la postérité le nom de M. de Montherot à côté du sien ; et c'est aujourd'hui grâce à la vigilance des descendants de M. de Montherot que la figure de la mère de Lamartine va s'éclairer de quelques lueurs nouvelles, émanées de ces papiers jaunis, qu'on ne prend pas sans émotion dans les mains, lorsqu'on songe qu'ils étaient destinés à Lamartine, que son cœur, à les lire, s'est fondu dans les délices de l'amour filial, et qu'ils reliaient l'une à l'autre ces deux âmes, séparées par la vie, mais restées en étroite communion de pensée et d'affection.

1. On a publié récemment quelques-unes des épîtres en vers où se jouaient la verve et la facilité des deux correspondants (*Lamartine, poète comique*, par Mme Renée de Brimont, *Revue des Deux Mondes*, 1er juillet 1922).
2. *Pensées en voyage*, dans le *Voyage en Orient*.

La plupart de ces lettres sont écrites à Lamartine en ces années d'attente, où, venu à Paris, il cherche à fixer sa vie, soit dans le mariage, soit dans un poste de diplomatie ou d'administration ; elles correspondent à ces lacunes du Manuscrit de ma mère, *voulues par Lamartine, qui, dans les* Confidences, *est pour ainsi dire muet sur cette période de sa vie* (1815-1819). *Donc elles apportent des compléments et des précisions sur certains points encore obscurs de ces années d'apprentissage, où se formait le génie d'un grand poète ; elles aideront aussi à raviver dans les mémoires le souvenir de sa mère et à nous faire mieux aimer, selon l'expression de son fils, « l'âme de cette sainte et charmante femme ».*

LA MÈRE DE LAMARTINE

La mère de Lamartine, Françoise-Alix des Roys, est née, non pas à Saint-Cloud, comme l'indiquent les *Confidences*, mais à Lyon, le 8 novembre 1766 [1].

En 1772, son père, qui s'était distingué au barreau de Lyon et qui avait exercé les fonctions de premier échevin de la ville, devint l'intendant général des domaines de la maison d'Orléans ; Mme des Roys était nommée sous-gouvernante des enfants du duc de Chartres. Alix, élevée par sa grand'mère paternelle et par une tante, vint, à l'âge de dix ans, rejoindre ses parents, qui habitaient l'hiver, au Palais Royal, et l'été à Saint-Cloud, et partagea ainsi les jeux du futur roi Louis-Philippe : « Il n'y a, dit Lamartine, pas une fontaine, une allée, une pelouse des jardins de

1. Cette date a été définitivement établie par M. Demaizière, membre de l'Académie de Mâcon, qui a relevé sur les registres de la paroisse Saint-Paul, à Lyon, l'acte de baptême suivant :

« Le dix novembre 1766, nous, Joseph Fleury Crupisson, chanoine sacristain, curé de Saint-Paul, avons baptizé Françoise-Alexie, née le huit du courant, fille légitime de noble Jean-Louis Desroix, avocat au Parlement et aux cours de Lyon, l'un des conseillers de la dite ville, et de dame Marie Gavault sa femme. Le parrain a été noble Jean-Alexis Guyot de Chanferrand, avocat au Parlement, la marraine Anne-Françoise Gavault femme de Monsieur Jaques Dareste de la Plaigne, receveur des gabelles à Saint-Symphorien-le-Chasteau, qui ont signé avec le père et plusieurs autres honorables personnes. »

(Communication faite à l'Académie de Mâcon, dans la séance du 1er juin 1922.)

Saint-Cloud que nous ne connaissions par ses souvenirs d'enfance avant de les avoir vues nous-mêmes. »

Plus tard, elle aimait aussi à évoquer ses promenades dans les bois de Meudon, qu'elle parcourut avec ses sœurs, — devenues par leur mariage Mme de Saint-Amand, Mme de Rochemont et Mme Carra de Vaux — et avec ses frères, dont l'aîné fut secrétaire d'ambassade en Hollande, et dont le plus jeune mourut tragiquement en 1804 après avoir composé quelques essais littéraires [1].

La famille des Roys séjournait aussi parfois dans sa propriété de Rieux (Marne), acquise en 1776, où, dira la mère du poète, « nous avons été si heureuses dans notre enfance ».

Mme des Roys était une femme d'esprit et de résolution, habile à manier les caractères et à gagner le cœur des enfants qui lui étaient confiés. Son mari, qui se plaisait à rassembler dans sa bibliothèque des livres d'histoire, lui avait inspiré le goût de Tacite. Elle était liée avec la maréchale de Luxembourg, qui lui parlait de Rousseau ; dans les salons du Palais-Royal elle voyait passer les illustrations littéraires du temps, et surtout les philosophes, d'Alembert, Laclos, Buffon, Grimm, Morellet. Lorsque Voltaire fit en 1778 son triomphal voyage de Paris, il rendit visite aux jeunes princes d'Orléans ; la mère de Lamartine le vit et n'oublia rien de son attitude, de son costume, de ses gestes dont le souvenir remplira plus tard les soirées de Milly.

Alix avait quatorze ans, lorsque sa mère obtint pour

1. Sur Lyon des Roys, voir P. de Lacretelle, *La Jeunesse de Lamartine*, p. 90 à 73.

elle du duc d'Orléans des lettres d'admission au chapitre noble de Saint-Martin-de-Salles, en Beaujolais, à quelques kilomètres de Villefranche. Là, va se fixer son avenir.

La règle de cette institution, mi-mondaine et mi-religieuse, autorisait les jeunes chanoinesses à recevoir leurs frères et à les présenter à leurs amies.

M. Méhu qui a publié les notes manuscrites de la sœur aînée d'Alix, la chanoinesse Césarine, nous laisse entrevoir ce qu'était la vie des dames de Salles, en 1787 : une partie de chasse avait été organisée au château de Vaux, en Beaujolais ; les jeunes chanoinesses y vinrent ; « le vicaire de Vaux avait apporté son violon ; bientôt la chasse fut oubliée pour la danse » ; peu après Césarine devenait baronne de Vaux, et ses jeunes amies dansèrent, chaque soir, pendant un mois, aux fêtes données en l'honneur des époux [1].

En temps ordinaire, quand les chanoinesses avaient prié et chanté dans la chapelle, leurs petits pavillons s'ouvraient à des jours déterminés aux visiteurs du dehors. Suzanne de Lamartine, la future Mme du Villard, à la tutelle de qui Alix avait été confiée, recevait parfois un bel officier, son frère, le chevalier de Prat. Ce riche uniforme troubla l'imagination de la jeune chanoinesse qui n'avait pas encore enchaîné sa vie par des vœux : « Je me suis aperçue, écrivait-elle, qu'il me distinguait entre toutes, et qu'il profitait de toutes les circonstances pour venir visiter sa

1. Cf. Eugène Méhu, *Salles en Beaujolais, le Prieuré des Bénédictines de Cluny* (Mâcon, 1910).

sœur au chapitre ; moi-même, j'ai aimé en lui cette noble expression, cette grâce un peu militaire, cette franchise du regard et cette fierté qui ne semblait s'adoucir que pour moi ».

A la prière de l'officier, Suzanne de Lamartine interrogea sa compagne qui lui ouvrit son cœur ; en 1787, une demande en mariage était faite.

Pourquoi la famille de Lamartine refusa-t-elle son consentement ? C'est qu'un simple chevalier était alors, suivant les traditions, voué au célibat ; seul, l'aîné, héritier du patrimoine de famille, avait droit au mariage et à la paternité.

En vain le chevalier fit valoir que son aîné, contrarié dans le dessein d'épouser Mlle de Saint-Huruge, dont le frère penchait vers les idées nouvelles et dont la fortune était mince, paraissait devoir rester fidèle à cette inclination ; en vain montra-t-il le second fils engagé déjà dans les ordres, l'abbé de Lamartine ; autour de lui, nul ne pouvait accepter que le chevalier de Prat, condamné à une situation médiocre, pût se hausser à la dignité du mariage. Il ne fallut pas moins que les événements de 1789 pour lever les obstacles.

Le 6 octobre, la chanoinesse de Salles s'apprêtait à rentrer avec sa mère, de Chatou à Paris ; mais la nouvelle de la marche des émeutiers sur Versailles modifia les projets des deux voyageuses qui prirent la route de Lyon. Un accident de voiture les retint à Mâcon ; elles y virent Mme du Villard : « Le chevalier de Lamartine, lit-on dans le *Manuscrit*, était alors à son régiment. Nous passâmes dans l'hôtel de sa famille à Mâcon toute la journée. Il paraît que je plus à son père, à sa mère, à ses frères, à ses sœurs ; cela renoua le mariage entre le chevalier et moi, dont il avait été question depuis longtemps ». Le mariage se fit à Lyon, le 7 janvier 1790 [1].

Le bonheur de ce mariage d'amour fut bientôt traversé par les événements publics.

Le chevalier de Prat n'avait pas quitté le service militaire. Le sol tremblait, la vieille royauté subissait les assauts redoublés de la colère d'un peuple, égaré moins par sa passion de liberté que par les chimères des réformateurs ; le devoir, pour un officier, était à la fidélité et au dévouement. Lorsque les princes de la famille royale donnèrent le fâcheux exemple de l'émigration, le chevalier de Prat eut le courage de ne pas les imiter ; il se contenta de démissionner plutôt que de prêter serment à la Constitution.

Mais quand il vit les jours de Louis XVI menacés, il vint prendre sa place aux Tuileries : il quittait sa femme enceinte et il exposait sa vie.

Au 10 août 1792, il se conduisit en homme de cœur ; blessé, il put échapper au massacre des Tuileries en traversant la Seine ; mais, arrêté dans sa fuite, il fallut l'intervention d'un ancien jardinier de ses parents, qui était officier municipal de la commune, pour le sauver.

Il revint à Mâcon, où bientôt la persécution terroriste

1. M. le baron de Leusse, membre de l'Académie de Mâcon, a retrouvé et publié l'acte de mariage. Cf. *Compte rendu* de la séance du 3 août 1922.

allait s'abattre sur la famille : le grand-père âgé de 84 ans, la grand'mère infirme, leurs six enfants se virent arrachés de leur demeure ; sept d'entre eux furent emprisonnés à Autun, et le grand-père à Mâcon ; la mère de Lamartine restait seule, dans l'hôtel familial, allaitant son fils sous la surveillance de quelques soldats.

Aucune de ces victimes promises à l'échafaud ne perdit la vie ; seul, le chanoine Lamartine fut condamné à la déportation, pendant que le 9 thermidor délivrait les autres prisonniers de sa famille, après dix-huit mois de détention [1].

C'est alors que pour soustraire sa femme et son fils aux dangers révolutionnaires, le chevalier les fit passer en Suisse. A Lausanne, où les exilés trouvèrent un refuge, ils firent la rencontre de l'historien Gibbon, que Mme des Roys avait connu dans les dernières années de la monarchie [2].

Lorsque le calme se rétablit en France et que la famille, privée des deux ascendants, morts peu après leur élargis-

1. Une supplique de son frère aîné obtint sa libération : « Le Comité révolutionnaire de Mâcon, prenant en considération la pétition du citoyen Lamartine de Mâcon, frère de Jean-Baptiste-François Lamartine déporté, atteste qu'il n'est pas à sa connaissance que le dit J.-B.-François Lamartine, ex-chanoine à Mâcon, et actuellement déporté, ait jamais dévié des principes, avant et depuis la Révolution; au contraire, rendant hommage à la vérité, déclare qu'il est toujours soumis aux lois.

« Fait au Comité révolutionnaire de Mâcon, le 9e frimaire, l'an 3e de la République une et indivisible. » (*Docum. inédit.*)

2. Lamartine a longuement raconté ce séjour de Lausanne (*Cours familier de littérature, Entretien* X, p. 234 et sqq.). Les érudits contemporains suspectent son récit avec quelque vraisemblance : cf. Lacretelle, *op. cit.*, p. 117.

sement, se reconstitua dans le grand hôtel de Mâcon, un partage de la fortune se fit.

Le chevalier de Prat refusa d'accepter le bénéfice des lois nouvelles, qui distribuaient également l'héritage entre les enfants : « il se fit pauvre, a dit son fils, n'ayant qu'un mot à dire pour se faire riche ». Il gardait pour tout bien un petit domaine, situé à Milly, qu'il avait reçu en contrat de mariage, et dont le revenu ne dépassait pas deux ou trois mille livres de rente [1].

Milly ! à ce nom évocateur, les souvenirs se pressent : ce sont les pages radieuses des *Confidences* ; c'est l'*Harmonie* consacrée au petit village mâconnais et qui lui assure l'immortalité ; c'est le *Manuscrit de ma mère*, où revit dans sa simplicité la douce épopée rustique.

Franchissons les cinq marches de seuil disjoint ; pénétrons dans le large corridor encombré de sacs de blé ou de farine, que la ménagère a sous la main, pour nourrir les siens et secourir les indigents ; entrons à la cuisine, que garnissent une table de bois et des bancs de chêne, à la salle à manger, ornée d'un vieux buffet, au salon qui ouvre ses deux fenêtres sur la cour et sur le jardin ; gravissons l'escalier de bois, pour parvenir aux chambres modestes de l'unique étage, où s'abrite toute la maisonnée, les parents, Alphonse et ses cinq sœurs, « le nid de colombes », comme disait Royer-Collard.

1. Sa femme était portée sur le contrat pour la somme de 50.000 livres, dont 22.000 étaient assurées par son oncle, M. de Belmont, qui en versa 10.000 au futur, et pour le restant fournit hypothèque sur ses biens.

« Ma mère jeune et belle, lisons-nous dans les *Confidences*, élevée dans toutes les élégances d'une cour splendide, passait avec la même résignation souriante et avec le même bonheur intérieur, des appartements et des jardins d'une maison de prince dans la petite chambre démeublée d'une maison vide depuis un siècle et dans le jardin d'un quart d'arpent, entouré de pierres sèches, où allaient se confiner tous les grands rêves de sa jeunesse ». Béni soit ce petit coin de terre, où les vertus ont fleuri dans la sérénité et dans le devoir !

Elle fut une mère admirable, veillant à son ménage, pendant que son mari parcourait les vignes ou chassait sur les coteaux de Milly. Elle n'avait d'autres distractions que les exercices de piété, ou les promenades dans les environs : « Nous allons, écrit-elle, avec mes filles sur des ânes visiter les sites et les ruines du voisinage ; nous y trouvons du lait, nous y causons avec les paysannes qui me connaissent et qui semblent m'aimer, parce que je leur donne des conseils pour leurs enfants et des remèdes : ce qui me fait un grand plaisir. On aime tant à être aimé, et il est si aisé de l'être de ces pauvres femmes de la campagne ; et le temps s'écoule ».

L'hiver, la famille émigrait à Mâcon, dans la maison que l'abbé de Lamartine mettait à sa disposition ; mais sitôt le printemps venu, on se hâtait vers Milly, et c'est un hymne au renouveau que la mère confie à son journal : « Les arbres sont chargés de fleurs ou de boutons qui parfument l'air. Les feuilles commencent à pousser, les oiseaux

Cliché Forestier, Mâcon.

Cloître de Salles (Rhône).

à chanter, de petits insectes à bourdonner ; tout se ranime, tout renaît dans la nature ». Au reste, la saison qu'elle préfère et qui lui verse au cœur l'ivresse la plus délicieuse, c'est l'automne, dont elle sent vivement la poésie : « J'aime, a-t-elle écrit, le temps d'automne et les promenades sans autre entretien qu'avec mes impressions ; elles sont grandes comme l'horizon et pleines de Dieu. La nature me fait monter au cœur mille réflexions et une espèce de mélancolie qui me plaît ; je ne sais ce que c'est, si ce n'est une consonnance secrète de notre âme infinie avec l'infini des œuvres de Dieu ! »

Voilà en germe cette poésie nouvelle dont son fils allait enchanter la France de 1820 : les *Méditations* sont nées de cette source de sensibilité et d'imagination ; la mère a senti, le fils a chanté. Dans sa modestie elle ne s'est jamais doutée qu'elle-même préludait ainsi à ces chefs-d'œuvre. Cependant, lorsqu'elle lut le manuscrit des *Harmonies*, elle eut conscience de cette parenté des deux âmes : « Il est ma voix, écrira-t-elle, le 7 novembre 1828, car je sens bien les belles choses, mais je suis muette quand je veux les dire, même à Dieu. J'ai, quand je médite, comme un grand foyer bien ardent dans le cœur, dont la flamme ne sort pas ; mais Dieu qui m'écoute n'a pas besoin de mes paroles ; je le remercie de les avoir données à mon fils ».

Aussi bien, ce fils, dès qu'il fut en âge de comprendre, n'eut-il pas sous les yeux l'image de cette mère abîmée dans des méditations, où elle s'entretenait avec Dieu ? Il la voyait parcourant à pas lents une allée du jardin, *l'allée de la méditation*, comme on disait en famille, et échangeant avec Dieu de muets colloques dans la langue de l'âme et des effusions intérieures. Dès l'âge de onze ans, il devinait le créateur à travers la création : « Pour goûter la nature, a dit sa mère, il faut la religion ». Tel est l'enseignement dont elle pénétra son Alphonse qui, un jour, fera monter vers Dieu des accents d'adoration sublime et d'extase infinie, et ramènera le sentiment religieux dans la poésie française, qu'un siècle d'incrédulité et de prosaïsme semblait avoir stérilisée à jamais.

C'étaient moins des rêves de gloire qu'un désir de foi que la mère épanchait sur cet enfant dont elle avait, la première, soupçonné la supériorité. Certes, elle jouira avec orgueil des succès scolaires d'Alphonse : « Son père, dit-elle, cache sa fierté, mais il est en secret aussi fier que moi ». Cependant elle s'inquiète surtout des dispositions morales de l'enfant qui vient d'échapper à sa tutelle pour commencer ses études à Lyon à l'institution Puppier : « Il me paraît, écrit-elle en le revoyant, qu'il n'a rien perdu de la piété que j'avais tâché de lui communiquer, et c'était toute ma crainte ».

« Pieuse comme un ange », selon l'expression de son amie Mme Delahante, elle assistait à la messe, le matin, dût-elle faire, dans la boue ou le froid, une lieue jusqu'à l'église de Bussières, desservie par l'ami de la maison, l'abbé Dumont ; à la veillée, elle lisait et faisait lire à son fils les *Confessions* de saint Augustin, ou cette Bible de Royaumont, que l'auteur du *Voyage en Orient* inscrit parmi ses plus vifs souvenirs d'enfance. La journée se terminait par la prière en commun.

Aussi sa joie fut-elle grande, malgré la séparation, d'obtenir que son fils, après son escapade de la pension de Lyon, fût placé à Belley dans un collège dirigé par les Pères de la foi. Nous savons, par les *Confidences*, ce que fut cette éducation sous des maîtres intelligents et attentifs, dans une atmosphère d'ardente amitié et surtout de foi brûlante.

A Belley, Lamartine fut un élève d'élite ; en rhétorique, il emporta presque tous les premiers prix [1]. « Ce qui me fait plus de plaisir encore, note sa mère, c'est qu'il paraît avoir de l'inclination maintenant à la piété ».

Jusqu'ici c'est un enfant qu'elle avait formé, et les résultats dépassaient ses prévisions ; l'influence des Pères de Belley s'était ajoutée à la sienne, pour orienter cette adolescence vers la vertu ; malgré l'indépendance d'un caractère, auquel parfois elle se heurtait, elle pouvait regarder l'avenir avec confiance. Mais les vraies difficultés allaient commencer ; car il s'agissait, et la tâche était lourde, d'en faire un homme.

« Nous sommes, mon mari et moi, écrit la mère, le

1. Prix d'excellence, d'amplification latine, d'amplification française, de poésie ; classé le 2e en version latine, le 7e en diligence, il n'obtient pas de nomination dans la dernière matière récompensée, la version grecque (13 sept. 1806). Cf. *Archives de Saint-Point.*

25 septembre 1806, bien tourmentés de ce que nous allons en faire ». Disons-le, la famille fut imprudente : au lieu de donner un emploi aux ardentes facultés d'un jeune homme que dévorait le feu intérieur d'un génie qui se cherchait, elle le condamna à l'oisiveté. Le chef de famille, l'oncle de Monceau, ne pouvait pas admettre que le descendant des chevaliers de Saint Louis et du soldat de Louis XVI servît dans les armées de l' « usurpateur » ; aussi bien Napoléon ne pouvait qu'être détesté au foyer de Milly, où sa chute sera plus tard saluée d'un long cri d'enthousiasme.

Voilà pourquoi les seize ans de Lamartine ont été mis à l'épreuve de l'inaction. Il promène son oisiveté entre Milly, Saint-Point et Mâcon ; il use ses loisirs dans des courses à cheval, dans des chasses, dans des amourettes légères, que sa conscience droite et scrupuleuse parait au début des séductions de la poésie, — c'est Ossian qui dressait l'échelle de soie au château de Bionne ! — ou dans des voyages entrepris comme dérivatifs à une passion plus sérieuse et se dénouant par l'aventure romanesque et tragique de Graziella, ou enfin dans des lectures poussées jusqu'à l'encéphalite aiguë. Telle est l'histoire de ces années qui vont, pour Lamartine, de la sortie du collège à l'abdication de Napoléon.

Années dangereuses, qui ont alarmé la mère clairvoyante, et ont failli gâter cette belle adolescence promise à la gloire. La pauvre mère ! c'est elle qui demande qu'Alphonse soit envoyé à Lyon « pour le dépayser un peu, dit-elle et l'habituer au grand monde », en réalité, elle l'avoue dans le *Manuscrit*, pour le soustraire à la conscription impériale : n'était-il pas un Bourguignon de belle taille, capable de tenter les recruteurs impériaux [1] ?

La mère se disait encore qu'à Lyon ce fils, « altéré de connaissances, bien enclin à l'étude », trouverait mieux à satisfaire ses goûts intellectuels.

Ce n'est pas qu'elle fermât les yeux au danger pour un adolescent de lire « toutes sortes de livres » et de perdre la foi. Quelles larmes eût-elle versées, si elle eût surpris son fils au château de Bienassis, furetant, avec Guichard, Vignet et Virieu, à travers les œuvres des philosophes du XVIIIe siècle et des poètes « fardés, fades et méphitiques » de l'école de Dorat et de Parny ! Elle ne connut pas ces débauches livresques et fit avec soin la police de sa chambre, brûlant l'*Emile* et la *Nouvelle Héloïse* que l'intrépide lecteur avait oublié de soustraire à la vigilance de sa mère.

Celle-ci avait une autre cause d'inquiétude, et la plus grande, dans les rapports que son fils et qu'elle-même à propos de son fils devaient entretenir avec les autres membres de la famille. Le *Manuscrit* nous a déjà entr'ouvert cet intérieur de noblesse provinciale : de quelle stratégie

1. En 1809, le « conscrit » Lamartine tira au sort le nº 71 qui n'était pas appelé. « J'ai été appelé en 1810, dit une note écrite par lui. J'ai acheté Duval en 1810. Il est parti pour moi et a servi quelques mois pour moi. Duval ayant été ensuite rappelé pour son compte a cessé de me libérer, et j'ai été appelé alors pour mon compte en 1811. Alors j'ai été réformé comme faible de poitrine à Mâcon... Mon père paya le maximun que le gouvernement faisait payer à cette époque aux individus riches réformés. » En 1812-13, il ne fut pas rappelé ; en 1814, il le fut, et prit un remplaçant (*Docum. inédit*).

souple et ingénieuse devait-elle user pour atténuer les heurts entre l'adolescent jaloux de liberté et l'oncle entêté dans ses préjugés et dans son despotisme !

Ce vieillard, de santé fragile, d'esprit étendu, « l'homme le plus éminent de toute la province », a dit Lamartine, aimait son neveu et rendait justice à son talent de poète. Mais il n'estimait pas que l'avenir de l'héritier d'un nom aristocratique et d'une immense fortune, fût limité à la gloire littéraire. Lui-même écrivait, et l'on cite de lui une cinquantaine de mémoires académiques sur les sciences naturelles et sur les mathématiques, mais c'était là un délassement de grand seigneur, à qui le régime impérial avait fait des loisirs, et non l'occupation de la vie de son neveu qui s'ouvrait sous de meilleurs auspices et que la Restauration pouvait entraîner dans le renouveau de l'activité publique.

***

Nous sommes en 1814 : Qu'est-ce que Lamartine va faire de ses vingt-quatre ans ?

Il s'agit d'abord de l'arracher à ces malaises physiques, que signalait, en ces termes, le médecin Portal, dans son ordonnance du 22 juin 1813 : « Il n'y a chez M. le consultant aucun symptôme de phthisie pulmonaire ; mais on ne peut disconvenir qu'il n'y ait en lui des dispositions de cette maladie [1] ». La mère, plus perspicace, ne s'est jamais

1. Le texte intégral de l'ordonnance a été reproduit par M. G. Lanson dans sa belle édition des *Méditations* en appendice au t. II.

alarmée sur ce point. Assurément elle recommande à son fils, qui a des accès de fièvre et se plaint du foie, de prendre des précautions ; mais elle insiste pour qu'il use modérément de remèdes. Lisons l'ordonnance qu'elle-même, dans son expérience acquise au chevet des paysans de Milly, a formulée, le 11 août 1815 :

« Je crains que tu ne fasses des remèdes, ce qui est bien mauvais pour toi. Borne-toi, je t'en prie, à des lavements, à tes petites prises, j'en ai mis avec tes habits, et quelques bouillons de poulet quand tu te sens la poitrine échauffée. Il ne faut que cela. Les purgations te seraient mortelles ».

Un autre jour elle émet un aphorisme qui ne manque pas de saveur : « Les remèdes sont dangereux, écrit-elle, le 15 février 1816, quand on n'a pas l'esprit tranquille ».

Deux mois après, Lamartine, qui a de moins en moins cette sérénité intellectuelle et morale que sa mère plaçait à l'origine de la santé, se plaignait de nouveau ; elle lui écrit sur un ton de confiance persuasive : « Ne te tourmente pas, ne fais point de remèdes, je te le défends, tu te tuerais ; tu n'as pas mal au foie, j'en réponds. Tes sœurs, ton père, ont eu des douleurs comme cela, c'est un peu d'irritation, c'est dans les muscles. Quelques bains, beaucoup de lavements très peu chauds, et de temps en temps un demi gros de crème de tartre avec du sucre dans un demi-verre d'eau à jeun, voilà tout. De la sagesse, et je réponds de ta santé ». (*Lettre* du 3 avril 1816).

Médecine de bonne femme, dira-t-on. Pourtant c'est elle qui a raison. Ah ! si son fils n'était pas retenu à Paris par d'indispensables démarches auprès des ministres et des personnages influents ! S'il pouvait retrouver sont lait d'ânesse à Milly ou à Saint-Point ! comme il serait vite guéri ! Aussi est-elle joyeuse de le savoir sur le chemin du retour ; qu'il s'arrête à Montculot, auprès du cher oncle abbé dont il charmera la solitude : « J'espère, lui écrit-elle, que le doux repos que tu y goûteras te fera grand bien » (13 juin). Elle souhaite même qu'il y prolonge son séjour, puisqu'il a repris sa bonne mine et son appétit : « Ton régime actuel, fait-elle observer, te convient parfaitement : de l'exercice à cheval, des bains, des eaux de Vichy, une bonne nourriture, et surtout du repos d'esprit, tout cela est excellent » (3 juillet).

Il faut qu'à tout prix elle exorcise ce fantôme d'abattement qu'au moindre malaise l'ex-candidat à la phthisie voit se lever à son chevet : « On n'a pas mal au foie sans être jaune », lui affirme-t-elle avec force ; « aussi je pense que ta douleur ne vient pas d'un embarras ».

Mais ce repos d'esprit, indispensable selon la mère, le fils ne réussit pas à le conquérir. Aussi traversa-t-il dans l'été de 1816, une crise, celle qui le conduisit à Aix sur les bords du lac du Bourget. Même alors, sa mère avait plus de confiance dans les ressources de la jeunesse et dans les soins de la famille, que dans la vertu des eaux thermales ; elle lui écrit (30 août) : « Ta lettre que je reçois ce matin, mon pauvre cher enfant, me désole. J'ai toujours craint que les eaux ne te fatigassent cette année. Si tu continues à ne pas en éprouver de bons effets, reviens tout de suite auprès

Cliché Forestier, Mâcon.

Alix des Rois, chanoinesse-comtesse au chapitre de Salles, mère de Lamartine.

de nous, à Monceau, à Milly, à Mâcon, où tu voudras. Tu seras toujours mieux chez toi, ou chez tes parents qui t'aiment si tendrement que partout ailleurs. Tu suivras tel régime que tu voudras, sans craindre aucune contradiction que les légères observations dictées par l'extrême intérêt... Je ne puis croire que les sueurs te soient bonnes, elles doivent t'épuiser davantage et augmenter tes souffrances et ton dessèchement. Songes-y bien, et gouverne-toi un peu toi-même, par ton propre bon sens. Je me refuse à croire à tous ces embarras ; c'est l'extrême contraction des nerfs qui les fait paraître, ta douleur au cœur en est la preuve. Je déteste tous les médecins. Mais reviens, je ne te contrarierai en rien, tu sais bien que je ne t'ai jamais trop contrarié... Reviens auprès de ta mère, c'est la meilleure place quand on souffre ».

Les eaux apportèrent-elles à Lamartine un soulagement passager ? ou plutôt, la présence de Vignet et la perspective de voir bientôt Virieu, le firent-elles surseoir au départ ? Toujours est-il qu'il ne répondit pas à cet appel émouvant d'une affection, qui se jugeait assez forte pour faire reculer la douleur physique. Un secret pressentiment le retint à Aix : Elvire allait apparaître dans cette vie ballottée entre l'inaction et la souffrance ; l'amour révélerait enfin à lui-même ce génie qui s'ignorait ; il conjurerait les effets stérilisants de ce mal du siècle, auquel le jeune homme s'abandonnait, non sans résistance, mais sans réussir à le dompter, pour marcher enfin d'un pas viril vers cette gloire que ses rêves d'adolescent avaient caressée, et qui semblait se dérober à sa maturité mélancolique.

Lamartine, ébranlé par la séparation d'avec la chère malade d'Aix, cherchait la solitude, pour mieux y fixer l'image de l'absente, et s'absorber dans cette passion qui le faisait souffrir, mais qui avait ouvert en lui la source vive de la sensibilité. Rentré à Mâcon, il se hâte de s'enfuir à Saint-Point, sachant que le reste de la famille se dispose à partir pour Milly et pour Monceau. Sa mère, qui n'a pas percé le secret de sa mélancolie, devine pourtant que l'isolé a besoin d'affection ; elle lui écrit :

« Ton petit billet a une teinte de tristesse qui me fait bien de la peine, mon enfant. Je ne pense pas comme toi, je crois au contraire que la solitude est mauvaise dans ta position. L'on est trop livré à ses pensées, et il faut faire trop d'efforts pour se suffire. Aussi, j'espère bien que, dès que nous serons à Milly, et ce sera lundi au plus tard, tu y viendras ; je serais extrêmement tourmentée et malheureuse autrement... Ton oncle et ta tante Lamartine viennent de partir pour Monceau pour la semaine ; ils m'ont bien recommandé de beaucoup t'engager à les aller voir... Adieu, je t'embrasse de tout mon cœur, et suis bien empressée que nous soyons ensemble à Milly, car ta solitude me tourmente beaucoup ; sois tranquille, quand nous nous verrons je ne te contrarierai pas sur ta santé, et si tu t'impatientes, je te le pardonnerai. Que veux-tu de mieux ? »

***

Le 10 août 1812, la mère d'Alphonse écrivait dans son

journal : « Ce qui me fait trembler, c'est l'établissement de mes six enfants ».

Dans son ferme bon sens elle distinguait pour son fils l'inconvénient d'une oisiveté, qui, à l'âge de l'action, arrêtait son élan : « Quel malheur pour un fils inoccupé ! notait-elle un jour. Malgré la répugnance de la famille à le voir servir Bonaparte, nous aurions dû penser à lui et non à nos répugnances ou à nos opinions ».

On ne saurait mieux discerner les *droits de l'enfant,* et aussi ceux du pays que la famille ne doit pas escamoter, au profit, nous ne disons même pas de ses préjugés, mais de ce qu'elle estime un devoir d'honneur.

La famille de Lamartine comprit-elle qu'elle avait fait fausse route, lorsqu'elle reçut de Lyon et d'Italie les notes « assez considérables » des dettes que le voyageur avait faites ? Au lieu de reconnaître leur culpabilité, l'oncle et la tante rejetèrent ces erreurs sur la mère qui *gâtait* son fils. Celle-ci expia plus d'une fois par des reproches les légèretés de cette adolescence oisive.

Mais elle ne s'arrêtait pas à verser des larmes, et quand le péril des dettes était plus pressant, elle trouvait dans son affection la force de l'arracher à ce « gouffre de séduction ».

Vinrent les désastres de 1814 : la famille ne jugea pas encore l'heure venue pour le jeune homme d'entrer dans l'action par la brèche du patriotisme, car la personne de Napoléon masquait toujours la France aux yeux de ces monarchistes impénitents : « On fait partir tous les hommes qui ne sont pas mariés », notait la mère ; le fils échappa une fois encore à cette sorte de levée générale par l'achat d'un remplaçant.

Pourtant, quoiqu'il fût enchaîné par l'honneur à cette émigration intérieure, il rendit quelques services à ses compatriotes de Milly, dont il avait été nommé maire ; il les rassura par sa présence, au milieu des trois cents Autrichiens logés dans le village, et les sauva des vexations : « il n'y a pas eu de malheurs », put écrire sa mère avec soulagement.

Enfin le 11 avril, un courrier apportait à Mâcon la nouvelle de l'abdication de l'Empereur, et de l'élévation de Louis XVIII sur le trône de France. La mère, en bonne légitimiste, prend sa part de la joie publique ; mais elle ne peut se défendre d'un mouvement d'égoïsme, qui prouve combien la noblesse de son âme avait été altérée par les sentiments qui animaient alors l'aristocratie française : « Mes enfants, écrit-elle, sont tous autour de moi. J'ai conservé mon fils quand tant de gens ont perdu les leurs ». D'autres mères pouvaient montrer avec plus d'orgueil leur cœur brisé !

Le père était parti en députation pour présenter aux princes, à Paris, les hommages de sa province ; il refusa les places et l'argent qu'on lui offrait pour payer sa fidélité, et ce patriotique désintéressement contre-balance dans une certaine mesure l'oisiveté imposée au fils.

Celui-ci, avec l'assentiment de sa famille, se fit inscrire aux gardes du corps : ce fut une ruée de la jeunesse noble et royaliste vers ce corps privilégié, dont le brillant uniforme faisait battre le cœur des vieux chevaliers de Saint-Louis et symbolisait les gloires du passé.

La mère était heureuse de le savoir occupé, « au moins pour un peu de temps », disait-elle ; car elle ne s'illusionnait pas, elle prévoyait que la monotonie du service et de la vie de garnison lasserait vite l'humeur mobile et ardente du jeune officier : « Mais son père, ses oncles et moi, ajoutait-elle, nous sommes bien aises qu'il fasse comme tout le monde preuve de dévouement aux Bourbons, ce seront toujours quelques années passées, après cela, nous verrons ». [1]

Le répit ne fut pas de si longue durée : Napoléon, quelques mois plus tard, débarquait au golfe Jouan, et les gardes du corps participaient au désarroi général. Alphonse accompagna Louis XVIII jusqu'à Béthune, « avec des peines et des fatigues incroyables », dit la mère ; comme ses compagnons de régiment, il fut délié de son serment, et invité à rentrer dans ses foyers.

Mais à aucun prix il ne voulait servir l'« ursupateur » ; il aima mieux s'exiler, bien que la France fût sous le coup d'une grave défaite et d'une invasion mortelle.

Il a raconté lui-même son séjour de trois mois — les cent jours de son émigration —, en Suisse, sur les bords du lac de Genève.

Sa mère vécut dans l'angoisse ; enfin Alphonse la prévint qu'au lendemain de Waterloo il avait pris le chemin de la

1. *Manuscrit de ma mère,* p. 182 (17 juin).

Savoie, où son ami Vignet l'avait introduit dans la famille de Maistre ; il ajoutait qu'il allait se diriger sur Paris sans s'arrêter à Mâcon. Une lettre de sa mère, datée du 26 juillet 1815, le rejoignit à Lyon :

« Que de grâces j'ai à rendre à Dieu, mon enfant, de recevoir enfin de tes nouvelles. J'étais dans un tourment qui ne peut se concevoir, ainsi que ton pauvre père qui est toujours à Montculot. Nous écrivions de tous les côtés pour tâcher d'apprendre quelque chose sur ton compte. Je tâchais de me rassurer, en pensant que les communications n'étaient pas encore libres partout ; mais je ne pouvais en venir à bout. Nous priions sans cesse, tes sœurs et moi ; enfin Dieu nous a exaucés, tu te portes bien ; fais à présent ce que tu croiras le mieux, je le trouverai bien. Je suis cependant étonnée que tu passes si près de nous, sans nous voir. Je n'en comprends pas bien la raison ; je crois d'ailleurs que la route par le Bourbonnais est moins sûre que celle de ce côté ; mais, je te le répète, fais ce que tu voudras...

« Je ne sais si la maison du Roi subsistera, mais tu as bien des appuis. Peut-être dans ce moment pourrais-tu parvenir à quelque chose. Je ne sais si M. le duc d'Orléans aurait toujours les mêmes intentions pour toi. Je voudrais bien savoir tout ce qui t'est arrivé ; tâche de me l'écrire avec un peu de détail. C'est bien chez M. de Maistre que tu étais. Je t'en félicite ; on est heureux d'avoir de tels amis.

« ... J'ai tes uniformes, dis-moi si tu les veux. Tes camarades sont à Paris ».

Ainsi Lamartine accourait auprès de Louis XVIII, à

qui il avait donné des gages de fidélité, et qui, dans cette nouvelle restauration, ne manquerait pas de récompenser son dévouement. Il se trompait : pendant cinq ans, nous l'allons voir candidat perpétuel à quelque fonction publique, constamment repoussé par les puissants de l'heure ; dix fois, il aurait abandonné la partie s'il n'avait pas été soutenu par sa mère, que les échecs ne rebutent pas, et qui veut absolument prouver, surtout à la famille, que son fils, objet de ses complaisances, est digne d'occuper une place, soit dans l'administration, soit dans la diplomatie. A cette mère il fallait une revanche de tant d'années d'attente, et de tant d'affronts dévorés en silence au foyer, alors que l'oncle et les tantes, qui continuaient à aimer Alphonse à leur manière, décourageaient ses velléités d'ambition politique et que son père, habitué à son existence de gentilhomme-fermier, acceptait à l'avance toutes les résignations pour ce fils qu'il ne pouvait aider ni par sa fortune, ni par ses relations. Seule, la mère avait foi en l'étoile d'Alphonse ; seule, elle allait s'obstiner contre les déceptions et donner, pendant ces cinq années, la mesure de sa confiance invincible, de son habile ténacité et de son ingénieuse affection.

Cette mère admirable avait à lutter d'abord contre l'état d'esprit de l'oncle, des tantes et même du père qui ne mettaient pas en question le mérite du candidat, mais qui, ayant abdiqué pour eux-mêmes, se résignaient d'avance à l'échec des combinaisons ingénieusement agencées pour mettre en faveur l'héritier du nom.

Mais surtout elle fut bien des fois paralysée par le manque d'argent. A-t-elle le sentiment que sa présence à Paris emporterait les obstacles ; est-elle décidée à faire elle-même les démarches qui répugnent à la dignité, ou simplement à la paresse de son fils ? elle est retenue à Milly ou à Mâcon par l'étroitesse de ses ressources : « C'est le moment d'agir, écrit-elle à Alphonse, le 8 novembre 1815. Je parie que tu ne te présentes plus chez Mme X. Ce serait bien mal. Je voudrais agir pour toi. Si tu croyais que ce fût nécessaire, et que j'en eusse encore le temps, mande-le moi tout de suite. Je tâcherais de gagner ton père pour me laisser aller une quinzaine. »

Hélas ! elle ne put partir : « Je pense, écrivait-elle, le 25 novembre, que ma présence à Paris ferait fort bien, parce que j'aurais bientôt retrouvé beaucoup de connaissances qui nous serviraient. Mais ce vilain argent est toujours le grand obstacle à tout. »

Sans cesse elle prêche à son fils l'économie. Ainsi, le 11 août 1815, en lui annonçant l'envoi de cent écus, elle ajoute : « Nous sommes écrasés de réquisitions et de nourriture ; si Dieu ne vient à notre secours, notre pauvre pays est tout à fait ruiné ». Le 11 décembre, elle est encore plus pressante : « Tu serais horriblement coupable, dit-elle à son fils, si tu dépensais un écu mal à propos, voyant l'embarras où je me mets pour toi ».

Cliché Forestier, Mâcon.

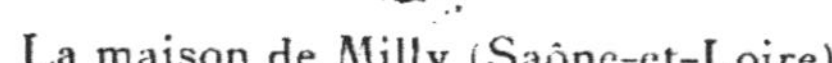

La maison de Milly (Saône-et-Loire).

Ces objurgations énergiques et sensées restèrent sans effet ; quelques jours plus tard, Lamartine avouait à sa mère qu'il avait des dettes : sa passion du jeu et ses emprunts imprudents à un usurier lui coûtaient 16.000 francs, une grosse somme pour une mère gênée dans son intérieur. Et pourtant la réponse de celle-ci ne trahit ni colère, ni découragement : « Ta lettre, mon cher enfant, lui écrit-elle le 25 décembre, m'a fait un grand chagrin. Je prévoyais bien depuis longtemps à peu près ce qui arrive aujourd'hui. Cependant tu n'avais jamais voulu t'ouvrir entièrement à moi là-dessus ; je tremblais moi-même d'écarter le voile... Mais il est inutile de te faire des reproches ; cela ne guérit de rien et tu es déjà assez malheureux. Tâchons de nous tirer le plus promptement possible de cet abîme... Ayons confiance dans la Providence, mais non pas une confiance téméraire, qui nous fasse replonger dans l'abîme, dans l'espérance qu'elle nous en tirera encore. Mon ami, profite bien de cette leçon, ainsi que tu me le promets. Nous allons avoir besoin d'une bien stricte économie. Si tu n'as pas de place, je ne sais trop comment nous pourrons faire ».

Le fils propose un moyen héroïque, qui lui ouvrira la bourse de l'oncle et des tantes : il acceptera une place, qu'il assure pouvoir obtenir ... dans la police ! il la manqua. Sa mère ne le regretta pas : « cela sonne trop mal », lui écrivait-elle. De son côté, elle avait la promesse de 4.000 francs en espèces, et d'un emprunt égal : c'est une de ses amies qui intervenait, Mme Paradis, celle que l'auteur du *Manu-*

scrit appelle « une seconde sœur » pour elle. Pour compléter la somme, Vignet contracta un emprunt à son nom [1]. La mère poussait un cri de soulagement (1er mars 1816) : « De quel horrible poids, mon cher enfant, je suis enfin débarrassée ; tout est fini, tout s'est bien passé. Que d'actions de grâces nous devons à Dieu et à nos excellents amis ! Ne laissons jamais affaiblir le moins du monde dans nos cœurs la vivacité de notre reconnaissance, nous serions des monstres ».

La bonne Mme Paradis partageait la joie de la mère et du fils ; mais elle adressait ce sage avertissement à l'imprudent jeune homme : « Je m'unis à cette bonne amie pour vous engager à nous dire avec la confiance que vous nous avez promise, où vous en êtes pour toutes vos affaires de ce genre ; s'il vous en restait encore quelques petites, vous pouvez disposer, non de ma bourse qui malheureusement n'est pas inépuisable, mais de mon crédit ; car sur ma bonne mine je puis trouver du cinq pour cent tandis que, malgré votre belle figure, vous ne pouvez vous procurer (*sic*) qu'à gros intérêts, ce qui vous replongerait de nouveau dans le gouffre [2] ».

La recommandation n'était pas inutile, car le règle-

1. Nous avons exposé dans le *Correspondant*, 10 mai 1922, la part de Vigne dans cette crise de la jeunesse de Lamartine.

2. On voit que Mme Paradis méritait bien l'oraison funèbre du ***Manuscrit de ma mère*** : « Quelle amie dévouée je perds en elle ! notait la mère de Lamartine, le 3 juillet 1820... Sans cette incomparable amie qui cherchait mes tristesses et mes besoins pour mes enfants au fond de mon cœur, qui s'oubliait elle-même pour venir à mon secours, et qui faisait très souvent au delà de ses facultés, que serais-je devenue souvent ? »

ment libérateur eut un triste lendemain. Le 3 avril, la mère écrivait à son fils : « Comment est-il possible que tu sois retombé dans une faute aussi énorme que celle dont tu t'accuses, et qui peut avoir pour toi des conséquences si funestes ? ... Tu es léger, tu es faible; ce ne peut être qu'en évitant avec le plus grand soin les occasions, que tu peux te préserver, et au lieu de cela tu t'exposes aux plus périlleuses... »

On conçoit que ces erreurs de jeunesse, même dissimulées à l'oncle, aux tantes, au père, rendaient plus difficile la stratégie de la mère au sein de la famille. Mais que ne peut l'affection maternelle ? Le père pardonne le premier, et la mère le représente à son fils « plein de bonté », et l'attendant pour le « combler encore de grâces et de faveurs ». Les deux tantes, elle le sait, ne résisteront pas à son adroite diplomatie. Restait l'oncle de Monceau, qui faisait trembler la mère elle-même.

Celle-ci, pourtant, a le courage de prendre contre lui le parti d'Alphonse : « Tu as déjà assez de chagrin, écrit-elle à son fils, en septembre 1815, sans que je t'en fasse. Je conçois celui que t'a causé l'injustice de ton oncle. Je l'ai partagé... Enfin, ce qu'il y a de mieux, c'est comme tu d s, de supporter patiemment... Quant à moi, je puis bien quelquefois me mettre en colère, cela ne tire pas à conséquence ; et je suis comme toi, l'injustice me révolte horriblement ».

Au reste, elle convient que l'oncle est meilleur qu'il ne veut paraître. Ses libéralités envers son neveu sont théoriquement toujours révocables ; en fait, lui et ses sœurs ont un fond réel de générosité et la mère se charge de l'exploiter adroitement, pour que son fils puisse envisager l'avenir sans crainte : « J'ai été un peu fâchée l'autre jour, écrit la mère, de ta lettre à ton oncle, parce que je croyais bien t'avoir mandé qu'il ne fallait pas t'effrayer de ce qu'ils n'annonçaient que pour un an leurs bonnes dispositions. Tu connais bien ton oncle, tu sais bien qu'il craint toujours de donner trop d'espérance et de confiance. Mais sois tranquille, embrasse telle carrière que tu voudras, et sois bien sûr qu'on ne te laissera pas en chemin, et que ce que tu feras sera approuvé [1] ».

Ce n'est pas que Lamartine, à Paris, eût son existence largement assurée ; tandis que Virieu, par exemple, pouvait vivre en fils de famille, se donner le luxe d'un bel appartement à l'hôtel de Richelieu, et s'en aller dans le monde du faubourg Saint-Germain, chaque soir, élégamment vêtu, lui, Lamartine, se condamnait, par nécessité, à la plus rigoureuse économie : « Quant à ton séjour à Paris, lui écrivait sa mère, le 27 janvier 1816, ton père et ton oncle et tantes (*sic*) te font entre eux 2400 francs ; je te le dis, parce que je veux que tu saches exactement et promptement à quoi t'en tenir. Il est strictement possible de vivre avec cela, mais il faut un ordre admirable, et penser que cela ne fait que 200 francs par mois ».

Ce léger viatique, acceptable après tout pour un jeune

1. Lettre non datée, qui doit être de 1815.

homme qui se nourrissait d'un morceau de pain, de quelques fruits secs et d'un morceau de fromage, que lui apportait l'enfant de la concierge, ne serait-il pas augmenté, le jour où l'héritier des Lamartine serait promu à une fonction publique ? La mère n'en doutait pas : « Tu as bien fait, écrit-elle à son fils, de ne pas répondre aux raisonnements de ton oncle, tu m'aurais désespérée, tu me désespères déjà en les appelant absurdes. Quand même nous les trouverions d'une fausseté évidente, rien ne peut t'autoriser à lui manquer de respect, ni à aucun de ceux à qui tu en dois... D'ailleurs si ton oncle raisonne mal suivant notre sens, il ne met cependant pas d'obstacles à ce que nous voulons ; au contraire ; il faut donc renoncer à le persuader, ce serait tenter l'impossible et être reconnaissant de ce qu'il consent à faire si l'occasion s'en présente. Mlle de Lamartine est toujours très bien disposée pour toi. Je lui ai un peu parlé de ce que tu me mandes, relativement aux secours dont tu aurais besoin si tu étais placé. Elle dit que tu dois être bien sûr qu'on t'aiderait alors, elle y est très disposée. Mme du Villard le serait sûrement aussi très fort. Elle n'est pas ici dans ce moment, mais je n'ai pas besoin de lui en parler. Je suis sûre d'elle, et sûre aussi de Mlle de Lamartine qui m'assure de ton oncle, mais qui pense comme moi, qu'il est inutile d'en parler d'avance, qu'il faut attendre que tu aies ta place. Ainsi tâche, mon ami, de l'avoir, et sois bien tranquille... Tu auras tout ce qu'il te faudra quand il en sera temps. J'en suis caution et j'ai plusieurs cordes à mon arc ».

La mère sait bien qu'après tout, l'oncle était maître de sa fortune et que ses moindres cadeaux devaient inspirer à son neveu des sentiments de reconnaissance : « D'abord, écrit-elle, le 10 mars 1817, il faut bien nous mettre dans l'idée que nous ne sommes pas en droit de nous plaindre, qu'il ne nous doit rien, que, quoi qu'il fasse, peu ou beaucoup, c'est une grâce ».

Qu'une circonstance nouvelle surgisse ; que Lamartine ait des espérances prochaines, l'oncle ne se dérobera pas à son devoir de chef de famille : « Ce qui le fatiguait beaucoup, écrit la mère un jour, c'était de changer ses dispositions ; mais je lui ai prouvé qu'en mettant quelque chose sur le contrat de mariage, cela ne changeait rien, puisque c'était toujours pour toi. Il a fini par dire : *Qu'est-ce que cela me fait, moi, c'est toujours pour lui.* Je lui ai dit : Eh bien ! je m'en vais lui dire que vous êtes toujours son père. *Oui, et sa mère aussi*, ce sont ses paroles ».

Un mariage, une place, telles furent les deux solutions successivement ou même simultanément envisagées par la famille. L'une et l'autre furent poursuivies avec ténacité, manquées durant cinq ans, et obtenues à la fois au lendemain des *Méditations* : la gloire poétique ne fut pas étrangère au mariage de Lamartine avec Mlle Birch et à sa nomination comme secrétaire d'ambassade à Naples.

Longtemps la poésie ne fut qu'au second plan dans la

pensée de Lamartine, comme aussi des siens, ainsi que nous l'avons vu. C'est bien le fond de sa nature qu'il exprimait dès 1821 dans ses *Adieux à la poésie*, et surtout dans la pièce des *Recueillements*, lorsqu'il ne faisait de la poésie que la distraction de ses matinées d'automne ; la politique fut vraiment, comme il a dit, « la vocation secrète et constante » de sa vie. L'amour d'Elvire donnera l'essor à son génie de poète, mais peut-être n'eût-il pas chanté, même après la rencontre du Bourget, si son ambition politique, jusque là déçue, ne l'eût engagé à se rapprocher d'Elvire à tout prix, fût-ce par la poésie : pour sortir de l'obscurité où le destin s'obstinait à l'ensevelir, il se résigna à faire des vers.

Mais c'est contre son gré qu'il mit, vers 1815, la poésie au centre de son activité. Il s'était demandé d'abord s'il ne resterait pas garde du corps. Sa mère ne l'en dissuadait qu'à moitié : « Je ne conçois pas, écrit-elle à son fils, le 11 août, ce que tu dis que vous ne seriez pas officiers dans la nouvelle garde ; il me semble que vous deviez être toujours distingués, et que tu peux bien aussi faire valoir toutes tes démarches ; tu en as fait d'assez pénibles et d'assez périlleuses, pour qu'elles méritent une récompense... Si M. le prince de Poix est toujours capitaine, adresse-toi à lui en personne, rappelle-lui ce qu'il t'a dit ».

Mais Lamartine dut manifester plus vivement ses répugnances, puisque, le 21 août, sa mère lui écrit : « Je suis bien d'avis que tu ne t'attaches pas au militaire. Cependant si l'on ne pouvait parvenir à rien autre, il faudrait peut-être rester garde du corps, si ce n'était pas un obstacle pour obtenir ensuite une sous-préfecture ».

Être sous-préfet ! Lamartine en acceptait l'augure ; sa famille, qui tenait un rang distingué à Mâcon, ne manquerait pas de relations pour le pousser à cette charge. Ainsi le comte Germain, préfet de Mâcon en 1815, se prêtait de bonne grâce à seconder cette ambition très légitime : « Si cela était nécessaire, ajoutait la mère, nous obtiendrions sûrement une recommandation de notre prince ».

Le comte Germain quitte Mâcon pour Melun, mais reste en faveur ; que Lamartine continue à le voir ; qu'il se fasse aussi présenter au duc d'Orléans et à sa mère : « Fais tout ce que tu pourras, d'une façon ou d'une autre, lui dit sa mère, le 11 août ! et puis, si tu vois que tout serait infructeux, reviens bonnement ici, attendre les moments de la Providence. Si ce n'était pas ce que tu ne sais que trop, comme je te l'ai déjà dit bien souvent, je serais loin, bien loin de te conseiller la carrière de l'ambition ; tout mon désir serait au contraire que tu revinsses paisiblement près de nous ».

Quelques jours plus tard, le ton a changé ; c'est la fièvre d'arriver qui anime cette lettre du 21 août : « C'est absolument une sous-préfecture que je voudrais pour toi à présent, dit la mère. Il doit s'en trouver encore. Je suis sûre que celle de Louhans, par exemple, sera incessamment vacante ou toute autre. Vois-toujours beaucoup M. Germain ; va à Melun, si c'est nécessaire ; ne te laisse pas aller à tes prétextes de paresse, quand il faut faire des visites.

Cliché Forestier, Mâcon.

Église de Bussières (Saône-et-Loire).

Pense que c'est le vrai moyen de me plaire que de faire ce qu'il faut dans cette circonstance. Il faut, mon ami, absolument que tu tâches de te placer, et tu es à même à présent. Ne laisse pas échapper l'occasion. Sacrifie ton plaisir absolument à cela. Personne ne compte plus que moi sur la Providence, mais ce n'est pas une confiance quiétiste, comme tu dis, qu'il faut avoir. Il faut agir de son mieux. Puis c'est à elle de bénir nos démarches, ou à les rendre inutiles, suivant ses vues, auxquelles il faut alors nous soumettre sans murmurer.

« Voici pourquoi je voudrais une sous-préfecture préférablement à tout, cela te donnerait d'abord plus de considération qu'autre chose, et même dans ta famille ; cela te faciliterait un mariage plus qu'autre chose. Et puis j'aime à croire que tu t'y distinguerais dans quelques années. J'irais à Paris, je ferais agir, et tu parviendrais, je n'en doute pas...

« Ta lettre a bien ranimé nos espérances. Nous en avions besoin, car on est furieusement oppressé... »

Mais le succès tarde à venir ; la mère a des mouvements d'impatience ; elle accuse son fils de tiédeur et de paresse : « Je ne peux pas te dire, Alphonse, lui écrit-elle, le chagrin que tu me fais, en restant toujours dans tes indécisions, et en ne songeant pas sérieusement à profiter du moment où tu es pour te placer... Eh bien ! le temps passera, la bonne disposition de M. Germain, qui vraiment peut tout à présent, se refroidira ; tu n'auras rien, tu reviendras ici, triste, découragé ; cela te rendra malade, cela me mettra au désespoir. Tes parents auront de l'humeur, je prendrai ton parti, je me brouillerai avec eux. Et voilà le joli avenir que tu me prépares ; tes affaires deviendront plus mauvaises ; cela éclatera, et il n'y aura plus pour toi aucune espérance de placement quelconque. Réfléchis à cela sérieusement ; tu dis que tu m'aimes, prouve-le moi, en embrassant un parti sérieux.

« Je parie que tu ne fais que songer à te promener, à aller au spectacle, à faire des vers, tout cela ne te mènera à rien.

« Il ne faut pas non plus t'autoriser de notre position politique pour n'embrasser aucun parti ; tout se consolidera, n'en doutons pas. Seulement nous sommes ruinés par ces troupes étrangères ; mais c'est une raison de plus de chercher à se tirer d'affaire. Nous sommes vraiment écrasés ici.

« Si tu étais sous-préfet, n'importe où, tes parents, je n'en doute pas, prendraient une tout autre idée de toi. Cela vaut de 4 à 5 mille livres de rente. Avec ce que nous te donnerions, tu aurais à peu près deux mille écus, logé, car les sous-préfets le sont, et nous t'aiderions à monter ton ménage.

« On pourrait, au bout de peu de temps, songer à un mariage. Je pense que tes parents alors se décideraient plus facilement à t'en faciliter un bon ; mais ne t'assurassent-ils rien, avec ta place et tes espérances, je suis sûre que je te marierais bien. Nous te ferions après cela rapprocher ; puis, avec de la bonne conduite et des protections, nous viserions à une préfecture.

« Voilà mes châteaux en Espagne. Ne les rends pas vains, je t'en prie. Comment peux-tu dire que tu ne peux pas rencontrer M. Germain ? Au lieu d'aller je ne sais où, tu ne peux pas prendre une petite voiture publique et aller à Melun ? C'est bien difficile ? Et puis Mme Germain, vas-y. Je vais encore lui écrire pour toi.

« Je serai vraiment désolée, humiliée, si tu reviens platement ici. On croira qu'on n'a pas voulu te recevoir dans la maison du roi, et que tu n'as rien pu obtenir autre. Mets-toi en quatre, ne dors ni jour ni nuit, jusqu'à ce que tu aies réussi. Je t'aiderai d'ici de tout mon pouvoir. Si tu avais besoin de la protection du préfet, je le vois beaucoup. Tes sœurs pensent comme moi. Eugénie te parle par ma bouche.

« Je t'assure que tu me donnerais beau jeu vis-à-vis de tes oncle et tantes si tu réussissais à quelque chose, et je vois bien que ton pauvre père le désire autant que moi.

« Je prie aussi le bon Dieu qu'il me donne cette satisfaction, que mon Alphonse embrasse une carrière honorable, que les talents qu'il lui a donnés ne soient pas tous employés à la futilité, qu'ils soient utiles à son pays, que mon fils fasse un jour la gloire de sa famille et le bonheur de sa mère.

« Adieu, je t'embrasse encore ; mais je ne t'embrasserai plus, si tu ne fais rien de bien ».

Lamartine fut-il convaincu, et triompha-t-il de ses lenteurs et de sa paresse à se mettre en avant ? Quoi qu'il en soit, la sous-préfecture de Louhans lui échappa, moins par sa faute que par celle des circonstances : le préfet de Mâcon avait son candidat et c'est lui qui l'emporta : « Au reste, écrit la mère, le 11 décembre, le préfet est très fâché d'avoir eu cet engagement et il paraît je dirais presque honteux, de ne t'avoir pas favorisé tout à fait. Cependant tu n'étais point le troisième sur la liste, mais le second. Et je sais qu'il a écrit une première lettre parfaite pour toi. Je sais aussi, mais ce n'est que pour nous deux, qu'il voudrait t'avoir ici pour secrétaire général... Il a assuré aussi que la première sous-préfecture de son département vacante serait pour toi, qu'il désirait que d'ici là tu te formes à l'administration... Enfin ayons confiance et espérance ».

Pour avancer l'heure de la nomination, la mère donne à son fils un conseil piquant : « Aie l'air bien grave », lui écrit-elle, le 21 décembre ; quelques jours plus tard, elle s'avise d'un autre argument : « Il me vient une idée, écrit-elle, que le 10 août devrait être un titre pour toi, à cause de ton père ».

Malgré tant d'ingéniosité, les chances de sous-préfecture n'augmentaient pas ; la mère et le fils s'accordèrent pour se tourner vers la diplomatie. Cette nouvelle phase s'ouvre par le refrain de la mère (2 février 1816) : « Ayons confiance en cette bonne et admirable Providence. Pour aider l'action divine, elle recommande à son fils d'entrer dans les bonnes grâces de M. d'Hauterive, alors archiviste des affaires étrangères, et fort capable d'initier le jeune homme à la connaissance de l'Europe [1] : « Ne te laisse pas entraîner à

1. Lamartine a dit la part que d'Hauterive eut dans son initiation politique : cf. *Lamartine par lui-même*, p. 62. Sur d'Hauterive, qui eut pour disciple le roi

ton goût de littérature, insiste la mère ; je t'en prie, forme-toi dans les bureaux de diplomatie, si c'est possible. J'ai une telle idée de ta facilité que je suis convaincue que dès qu'on te connaîtra on te placera » (1er avril 1816).

L'aggravation de la maladie de Lamartine, vers ce temps, suspendit cette préoccupation, mais la rencontre d'Elvire le rapprocha du but convoité.

En effet, Mme Charles le présentait au baron Mounier, ami de Decazes, et à Rayneval, secrétaire général des affaires étrangères. Il écrivait un mémoire, destiné à passer sous les yeux de Decazes et du roi sur *le rôle que l'ancienne noblesse française pouvait avoir à jouer dans le gouvernement à deux chambres.* Cet essai étonna, paraît-il, Mounier et ses amis, et la mère se livrait à l'espérance : « Oh ! s'écriait-elle, combien j'aimerais que tu fusses secrétaire d'ambassade ! c'est toujours là que s'est portée mon ambition, parce que c'est là vraiment que je crois que tu réussirais le mieux, et c'est la carrière qui me paraît la plus belle ».

Les bureaux ont leur mystère, et la nomination de Lamartine n'était pas encore arrivée, que déjà il voyait approcher la fin des pièces d'or, que sa mère, par des prodiges d'économie, avait pu lui réserver. Que faire ? il dit adieu à Elvire et à la diplomatie : « Ma mère, a-t-il écrit, me reçut bien tristement, déplorant qu'un tel fils dont

lui-même, voir l'étude d'Artaud de Montor, *Histoire de la vie et des travaux politiques du comte d'Hauterive*, 1839 (2e édit.).

elle était intérieurement si fière revînt sans espoir, languir dans l'oisiveté d'une métairie de province [1] ».

***

La mère se fût consolée de manquer ainsi l'administration et la diplomatie, si elle avait réalisé pour son fils le mariage de ses rêves : « Au surplus, lui écrit-elle (2 février 1816), je pense bien comme toi que la demoiselle du Dauphiné serait encore la meilleure place ».

Nous avons raconté ailleurs [2] que ce projet, confié aussi à Vignet, n'aboutit pas ; la mère, sans désemparer, ébaucha un autre plan : « J'ai bien envie, écrivait-elle à son fils, le 1er mars, de te marier à Mlle Harlay (?). J'en parlais à ton père, l'autre jour, qui m'a dit : *Eh bien! agissez, je ne demande pas mieux.* Il dit que tu n'auras pas moins de cinq à six cent mille francs, un jour. Avec ta naissance et ton personnel (*sic*), sans vanité, cela ne pourrait-il pas tenter ? Il faudrait que le père vous gardât quelque temps. Parles-en à Mme de Pansey. Le présent pour toi serait presque nul. Mais qu'est-ce que cela doit faire à un homme aussi riche. Enfin, vois ce qu'il y aurait à faire, ou bien s'il voudrait attendre un placement ; enfin, il faut toujours essayer ».

L'entrée de Mme Charles dans la vie de Lamartine suspendit pour un temps ses visées matrimoniales ; même lorsqu'il était allé rejoindre la chère malade à Paris, il avait

1. *Lamartine par lui-même*, p. 79.
2. *Correspondant*, 10 mai 1922.

eu des velléités de se consacrer uniquement à cet amour ; sans faire d'aveux précis à sa mère, il lui manifesta son éloignement du mariage. Mais dûment sermonné, il ne s'obstina plus dans un refus *à priori*, et sa mère renaissait à l'espoir. Elle lui écrivait, le 3 février 1817 : « Ta lettre, mon cher Alphonse, m'a fait le plus grand plaisir. J'étais si triste de tout ce que tu m'avais dit, qu'à peine avais-je le courage de t'écrire. Je suis bien aise que tu prennes de l'empire sur toi-même; je te voyais arrêté au milieu de ta carrière, par une folie qui te causerait un jour bien des regrets, qui me coupait bras et jambes pour toutes les démarches que j'aurais pu faire pour te marier, qui détruisait toutes les espérances de ta famille et de tes amis. Je gémissais et attendais en tremblant un retour de raison. Enfin le voilà, Dieu en soit loué ! Puisse-t-il bénir nos desseins actuels ! ».

La santé de Lamartine ne s'accommodait pas de sa fièvre de passion ; le foie le tourmentait : « Si tu ne vois aucun jour à te placer, lui écrit sa mère, le 23 février, tu ferais peut-être bien sagement de revenir ; le mariage se traiterait tout de même, toi étant ici ».

Peu après, les pourparlers étaient rompus : « C'était trop beau pour nous, écrit la mère, le 28 mars : Dieu ne l'a pas voulu. A la bonne heure ; sa volonté soit faite ! calme-toi, résigne-toi, ainsi que je tâche de le faire... Il faut redoubler d'activité pour te placer. »

Est-ce à cette époque qu'il faut rapporter un projet, que mentionne une lettre non datée, curieuse à plus d'un titre ? La voici : « Il ne faut pas croire, mon cher Alphonse, que je ne m'occupe pas nuit et jour de ce qui te regarde. Je t'assure que c'est ma pensée habituelle ; et je suis tout épuisée à l'heure qu'il est de toutes mes conversations avec ton père et ton oncle à ce sujet, qui ont été renouvelées ce matin par ta lettre. Je vais t'en dire le résultat et mon avis... Au reste, mon avis, il est inutile que je te le dise : comme j'en étais là de ma lettre, ton père est arrivé l'almanach royal à la main, dans lequel on voit clairement que M. Boscari de Villeplaine et M. Boscari de la place Vendôme sont agents de change. Ce que je voulais te dire, c'est qu'il était impossible que cela ne se sût pas, et qu'alors on ne voudrait plus ce mariage, et c'est ce qui arrive. Ton père qui était très bien disposé ne veut plus en entendre parler à présent, et ton oncle sera plus prononcé encore... l'agent de change détruit tout ».

Néanmoins, la mère n'abandonnait pas la partie ; n'avait-elle pas écrit, un jour, au lendemain d'un échec : « Quant à moi, je suis toute prête à recommencer une autre fois. Je ne me lasserai pas de mon métier de mère » (23 avril 1816 ?).

Pour un temps Vignet va se substituer à la mère, espérant être plus heureux. C'est lui qui va prendre l'initiative de démarches, auxquelles il ne semble pas que Lamartine se soit prêté avec enthousiasme. Aussi bien le drame d'Aix allait avoir l'épilogue douloureux que nous savons ; le retentissement de la mort d'Elvire fut profond au cœur de Lamartine, qui ne devait lire que d'un œil distrait les

Cliché Forestier, Mâcon.

Portrait du père de Lamartine.

plans que l'ami construisait avec le dévouement le plus ingénieux [1].

***

Les lettres de cette période ne sont pas absorbées par ces préoccupations respectables, mais d'ordre matériel. Quelquefois, rarement, il est vrai, la mère pieuse reparaît, qui prend doucement son fils par la main pour le ramener au sanctuaire qu'il ne fréquente plus. A-t-elle mesuré exactement le degré d'indifférence, et même de scepticisme, où est parvenu le mystique adolescent de Belley ? Dans les objurgations de la mère, que Vignet, vers le même temps, secondait de son exemple et de ses conseils, on sent percer une tendresse inquiète, mais qui se dérobe ; l'heure de Dieu n'est pas venue ; elle se repose sur l'action de Vignet, qu'elle croit plus efficace que la sienne : « Songe, mon cher ami, lui disait-elle, le 1er mars 1816, que nous sommes en carême. Je voudrais que tu travailles beaucoup à ranimer, à fortifier, peut-être même à faire renaître la foi. Demande-la à Dieu tous les jours ; cherche la vérité, mon enfant, cherche-la avec ardeur, et tu la trouveras. On est fait pour elle. J'espère que Dieu exaucera les prières que je lui fais sans cesse pour toi, et que tu deviendras un bon chrétien ; c'est alors que je serai tout à fait heureuse ».

Le 22 mars, elle revenait sur le même sujet en ces termes :

1. Cf. *Correspondant*, 10 mai 1922.

« Quelle satisfaction j'aurais, si tu remplissais toi-même, dignement, dans ce saint temps, les devoirs d'un bon chrétien. Songe à toutes les grâces que tu as reçues de Dieu, depuis que tu existes ».

Ces lignes font écho à la note secrète et émouvante du *Manuscrit* (19 juin 1817), où la mère, parlant du séjour d'Alphonse auprès de Vignet, jeune homme « d'un esprit supérieur », de « beaucoup de talents jusqu'ici enfouis » et de « beaucoup de mélancolie », ajoute : « Mais il a comme sa famille beaucoup de religion. Cette amitié, sous ce rapport, me fait plaisir pour mon fils ; il a bien besoin de bons exemples de foi positive, car sa religion trop libre et trop vague me paraît moins une foi qu'un sentiment ».

La mort d'Elvire marque dans l'histoire de Lamartine la fin d'une période. Longtemps ce choc du destin retentit douloureusement en son âme. L'année 1818, qui suivit, fut une année de souffrance, de recueillement et de poésie. Il écrit quelques-unes de ses *Méditations* ; il s'attache à cette tragédie de *Saül*, sur laquelle il reposait tant d'espérances. Ses amis, Virieu, Laurent de Jussieu, et surtout Vignet, s'intéressent à ses peines de cœur et à ses rêves de gloire.

Mais sa mère est plus près de lui ; elle n'a pas besoin de confidences épistolaires ou orales, pour lire dans cette âme qui est le reflet de la sienne, et dont les impressions, même les plus intimes, sont aussitôt ressenties par elle-même. Le 15 août 1818, elle note dans le *Manuscrit* : « On dirait qu'il est abattu par quelque chagrin secret qu'il ne me dit pas, mais que je crains d'entrevoir. Il n'est pas naturel qu'un jeune homme de cette imagination et de cet âge se confine aussi absolument dans la solitude ; il faut qu'il ait perdu, ou par la mort ou autrement, je ne sais quel objet qui cause sa mélancolie si profonde ».

A cette divination de la mère, il ne manque que le nom de la personne aimée et disparue. Ah ! si elle pouvait marier son fils ! Si elle le voyait enfin entrer dans une carrière active ! En septembre elle eut un espoir : le comte de Lagarde, envoyé à Munich comme chargé d'affaires, obtint du ministère la permission de l'emmener en qualité de secrétaire particulier. Mais Lamartine, malade en arrivant à Paris, reprit le chemin de Milly, moins résigné qu'il ne l'a prétendu dans ses *Mémoires*, car sa mère, notant ce nouvel échec, ajoute : « Que ne puis-je obtenir pour lui cette résignation que je puise dans ma soumission à Dieu et dans ma piété ! »

L'année s'écoulait sans péripétie marquante ; en octobre, il était à Paris, et les lettres de sa mère reviennent sur les thèmes déjà connus : « Je suis bien aise, écrit-elle, le 12 octobre, de ce que tu me dis de ta santé ; ces douleurs au foie tiennent plus, je crois, de l'irritation qu'à rien d'essentiel, ainsi elles m'inquiètent moins que le reste ». Puis elle vient à la question d'argent : « Je crains que tu n'en manques, et je ne peux pas t'en envoyer, ce qui me fâche beaucoup, je t'assure ; ainsi reviens reposer ta bourse ici ». Enfin, elle touche aux rapports avec le chef de famille : « Une vraie lettre de toi à ton oncle aurait mieux fait que ce que tu me fais lui dire ; cela a toujours l'air d'une mauvaise excuse, comme c'en est une en effet. Je brise là-dessus pour ne pas me fâcher [1] ».

Rentré à Milly, Lamartine ne savait plus à quoi occuper les longs loisirs de l'hiver. Un rêve bizarre s'ébaucha dans son esprit. On le connaît déjà par une confidence à Virieu ; en voici la relation, en quelque sorte officielle, dans une lettre du 15 janvier 1819 à M. le comte de Fontenay, chargé d'affaires en Toscane :

« J'espère que vous voudrez bien me pardonner la liberté que je prends de vous écrire, en vous rappelant que j'ai eu l'honneur de vous connaître à Paris et que je suis lié avec quelques-uns de vos amis. Quand je n'aurais même aucun de ces titres, l'extrême obligeance qui vous caractérise vous ferait encore excuser mon importunité. Quelques-uns de mes amis et moi, nous avons un service à vous demander. La place que vous occupez vous donne les facilités de nous le rendre. En voilà assez pour être en droit de l'espérer de vous. Voici ce dont il s'agit :

« Il y a auprès de l'île d'Elbe, sur la côte de Toscane,

1. Elle écrira encore à son fils, le 26 avril 1819 : « La seule grâce que je te demande avec la plus vive insistance, sous peine de me rendre très malheureuse, c'est de revenir avec la disposition de te conduire vis-à-vis de ton oncle comme autrefois, de ne plus avoir cette froideur et pis que cela, qui fait mon tourment de tous les jours... »

une petite île nommée *La Pianazza*, inculte et inhabitée, quoique son sol soit très susceptible de culture ; le gouvernement français, je ne sais par quel motif, s'est toujours refusé à en accorder la concession, tant qu'elle a été sous notre pouvoir. Il craignait, je pense, que l'établissement qu'on y formerait servît à ravitailler les corsaires anglais.

« Nous désirerions vivement que le gouvernement toscan, à qui elle appartient et qui n'en fait rien, voulût en accorder la concession soit pour un temps donné, soit à perpétuité, à une association d'agriculteurs propriétaires français, au nombre desquels se trouve M. de Nansouty de Dijon et quelques-uns de mes amis, et moi-même, si je puis aussi y mettre quelques fonds.

« Quelques-uns de nous connaissent cette île, et notre but serait de la mettre aussitôt en culture, en totalité ou en partie, selon la portée de nos premiers capitaux. Elle a environ six lieues de tour, et la plus grande partie est cultivable.

« J'ose donc vous prier de vouloir bien tâter là-dessus le gouvernement toscan, de vous informer s'il consentirait à nous faire la susdite concession, et à quelles conditions. Vous nous obligerez infiniment, si vous voulez bien me rendre compte le plus tôt qu'il vous sera possible du résultat de vos démarches à cet égard.

« Si les préliminaires étaient favorables, quelques-uns de nous iraient à Florence pour conclure cet arrangement qui serait aussi favorable au gouvernement toscan qu'à nous-mêmes.

« Voilà, monsieur, le service essentiel que nous attendons de votre extrême bonté. Nous vous prions pour plusieurs motifs de tenir nos propositions le plus secrètes possible... »

Lorsqu'on a lu cette lettre de 1819, on s'étonne moins de trouver plus tard Lamartine pêcheur de sangsues et éleveur de moutons à Burgas-Owa ou marchand de vin à Saint-Point. Pour l'heure, ses vélléités d'agriculteur ne furent pas encouragées par M. de Fontenay.

Sa sœur Césarine venait d'épouser un frère de Louis de Vignet ; dès que le mariage eut été célébré à Mâcon, il n'eut plus d'autre idée que d'accourir à Paris ; et le 19 février, sa mère lui écrivait, de Chambéry, où elle passait quelques jours dans la famille de son gendre :

« Les gouverneurs sont venus tout de suite nous voir, et nous ont engagés, hier, à une fête charmante, aujourd'hui, à un dîner. La gouvernante m'a parlé de toi avec intérêt. Au reste, tu es extrêmement connu ici et d'une très bonne manière, à ce qu'il me semble... Sois bien tranquille sur mon compte. Je voudrais avoir autant de raison de l'être sur le tien... Quand est-ce que je te saurai paisible et heureux ? C'est ma première, ma dernière prière de tous les jours. Dieu l'exaucera enfin, j'en ai la confiance ».

Revenue à Mâcon, le 18 mars, par les escarpements du col du Chat, elle ne trouvait plus son fils, réfugié une fois de plus à Paris, et toutes ses sollicitudes des quatre dernières années se donnent cours dans une belle lettre du 20 avril. On la voit dans son rôle de conseillère et de confidente. Avec fermeté elle reprend la direction de cette âme, que trop d'influences étrangères, au reste, bien intentionnées, lui disputent, et inclinent dans un sens qu'elle-même estime contraire et à son tempérament et à son intelligence.

La santé d'Alphonse ? qui donc la connaît mieux que celle qui se penche depuis tant d'années sur ces douleurs pour les calmer, et que rassurent des réserves de force dont elle a mesuré l'intensité ? Son enthousiasme pour le beau et sa ferveur pour la poésie ? Qui donc en jouit plus orgueilleusement que sa mère, dont le cœur bat aux accents inconnus qui ont retenti au foyer de Milly ! Mais elle redoute que les divins accords de la lyre ne s'achètent qu'au prix d'une exaltation dévorante :

Muse, contemple ta victime !

Son mariage ? Cette fois elle le croit sûr ; car les parents d'une nouvelle jeune fille demandent seulement, pour donner leur consentement, que le prétendant reçoive un capital par avance d'hoirie, et, à défaut de l'oncle de Monceau, l'abbé de Montculot s'offre à faire à son neveu une dot de 60.000 francs. Son établissement ? Des amis qui se placent au point de vue de leur seule affection, le jugent incompatible avec les promesses de génie auxquelles ils applaudissent chaleureusement ; mais la mère rabat ces chimères sur le plan des réalités et dans l'intérêt même de cette gloire poétique dont elle a salué les premiers rayons, elle souhaite que son fils échappe à la prise exclusive de l'inspiration, pour s'adonner aux devoirs d'une charge, tout son rêve de quatre ans : « Je te crois, lui écrit-elle, assez fortement constitué, malgré tes incommodités, et tu es d'une famille où il y a beaucoup de vie. Ce qui use la tienne, c'est l'ardeur de ton âme et l'exaltation de ton esprit. Il faut aussi un peu se calmer là-dessus : nous autres, pauvres créatures, nous ne pouvons pas être toujours dans les régions sublimes de la pensée ; il nous faut souvent la rabaisser sur la terre, quoique nous ne soyons faits que pour le ciel. Mais Dieu veut nous humilier ainsi. Tes lectures t'ont sûrement fait aussi beaucoup de mal. Je voudrais que tu te reposasses bien là-dessus ; je sais que pour moi, quand je t'entends réciter des vers, malgré l'orgueil qu'ils me donnent, je souffre extrêmement. Tu peins ce que tu dois éprouver alors, d'une manière admirable, dans ta première stance de ton ode aux Français, que je ne peux lire ou entendre sans frémissement [1]. C'est pourquoi je te voudrais une vie plus matérielle.

« L'inquiétude du succès de nos démarches t'a peut-être fait mal aussi. J'en juge par moi-même ; car quand je désire vivement une chose, il est impossible d'imaginer les révolutions que me font les obstacles, surtout quand ils me viennent de certaine part, d'où ils me sont infiniment plus sensibles. Ceux que Dieu met visiblement lui-même, je n'ai qu'à adorer (*sic*) et à me soumettre ; dans l'autre cas, je devrais aussi reconnaître sa volonté dans celles qu'il

1. Il s'agit de l'*Ode*, qui fait aujourd'hui la Xe Méditation, et dont 10 strophes ont été sacrifiées ; mais les deux premières ont passé dans la XIIe, l'*Enthousiasme*. Cf. G. Lanson, *Edit. des Méditations poétiques* ; p. 304, *Notes critiques*.

oppose à la mienne ; mais il me semble toujours que je n'ai pas assez agi, et je ne me laisse aucun repos. C'est ce que j'ai fait dans ces dernières circonstances. J'ai beaucoup souffert, je t'assure ; enfin, je croyais avoir réussi, et voilà que ta lettre d'hier détruit tout le fruit de mes peines.....

« Si tu crois que ta présence ici soit utile, tu pourrais y venir, sans discontinuer tes démarches pour ton placement ; car cela peut fort bien se concilier, comme nous l'avons dit ; et je te dirai encore que c'est avec une peine extrême que je te verrais ne pas les suivre avec zèle. Tes douleurs passeront, je n'en doute pas, et le moment favorable ne se retrouvera plus, malgré ce que te disent les personnes respectables qui ont tant de bontés pour toi à présent, ce dont je suis si vivement touchée, mais qui connaissent mal ta position.

« Je m'imagine même que sans t'en apercevoir elles ont un peu influé, plus que ta santé peut-être, sur le ralentissement de ton désir à cet égard. Elles te disent que tu compromets ton indépendance en acceptant une place ; je la trouve plus compromise dans ton état actuel. Elles te disent qu'il ne faut pas éteindre un talent tel que le tien ; non certainement il ne faut pas l'éteindre, mais il faut le conserver et en faisant toute ta vie comme à présent, il serait détruit par lui-même, tu ne pourrais y suffire longtemps. Réfléchis bien à ce que je te dis, je crois que mes conseils valent les leurs... »

Grâce aux lettres de son fils, elle a vécu avec lui les heures douces et pieuses de la semaine sainte à la Roche-Guyon, et elle est impatiente d'avoir les stances religieuses que son poète vient d'écrire et de faire imprimer [1].

Elle le suit encore à Montculot, où il va au sortir de Paris, refaire ses forces : « Je pense, lui écrit-elle, le 24 mai, que tu fais de beaux vers dans ton doux loisir ; il me semble que la fontaine du Fayard doit inspirer un poète [2] ».

De Montculot, Lamartine vient, après une journée d'arrêt à Mâcon, en Savoie, où son destin va le mettre en présence de Mlle Birch. Nous ne raconterons pas cet épisode capital de sa vie, pas plus que nous ne nous arrêterons à ces *Méditations* dont la lueur fulgurante ouvre l'année 1820.

Nous étudions la mère du poète, et c'est elle qu'en cette aube radieuse d'avenir pour son fils, nous allons montrer en proie à la gêne la plus pénible : comme si le sort avait voulu lui faire expier le bonheur dont va jouir ce fils, qu'elle a entouré de tant d'affection et de tant de dévouement.

Voici la note douloureuse, qu'elle adressait à son mari, le 2 janvier, et qui nous initie à une singulière négociation

1. « C'est un pays, écrit-elle à son fils, que je connais beaucoup, ayant demeuré souvent et longtemps au Mesnil, qui en est tout près. Si tu y retournes, va te promener dans les bois du Mesnil, en mémoire de ma jeunesse, et dis-moi un peu ce que c'est devenu. J'ai aussi beaucoup habité Sceaux. Mais on dit que c'est tout détruit, tu me parleras de tout cela. »

2. Elle aimait particulièrement cet « endroit charmant, frais et ombragé », où elle se plaisait à « réfléchir » et à « prier ». Lamartine l'a célébré dans l'Harmonie intitulée : *La source dans les bois.*

de ménage. Pour la bien comprendre, sachons que la récolte avait été mauvaise, que M. de Prat avait l'intention de vendre la maison qu'il avait fini par acquérir à Mâcon, et de se retirer complètement à Milly :

« Vous me trouvez, mon ami, disait la mère, bien longue à répondre à votre proposition : c'est qu'elle est de nature, comme je vous l'ai dit, à demander les plus grandes réflexions et calculs. J'en ai fait beaucoup. J'ai tout réduit à la plus stricte économie, pour ne pas changer absolument notre manière d'être, et cependant pour supporter, autant qu'il est en moi, la gêne de notre position et tâcher de ne pas vendre notre maison, ce qui serait le sacrifice qui influerait le plus sur notre existence à tous.

« Je consens à me réduire encore pour l'année à 600 francs de moins, ce qui est énorme, quand tu considéreras que je suis déjà réduite de 420 francs par la suppression des 35 francs que j'avais de plus par mois.

« Mais je demande de ta justice que, quand par quelques circonstances que ce soit, ou par quelques ventes de denrées avantageuses, tu seras un peu moins dans la gêne, tu ne m'y laisseras pas moi-même ; tu augmenterais mon traitement si c'était une augmentation de revenus, ou tu me donnerais une petite gratification, si ce n'était qu'un bien-être momentané.

« Je demande, comme à l'ordinaire, la propriété absolue de toutes les denrées de Milly, excepté le vin ; je tâcherai d'en vendre le plus possible pour me tirer un peu d'affaire. Je demande aussi pour cette année la lie du vin pour m'indemniser de tous les frais que m'occasionnent les tonneliers, vignerons, etc., occupés à préparer, soutirer, raccommoder les tonneaux, etc. Je demande encore la libre administration de tous les meubles, c'est-à-dire de pouvoir en vendre ou changer de vieux, ou quelque embarras de maison, afin d'en avoir de neufs, dont nous avons grand besoin, et qu'il me serait impossible d'acheter sur ma modique existence, si je n'usais de toutes les petites ressources que peut me fournir mon industrie. La vieille voiture doit être comprise là-dedans, pour me mettre dans le cas d'entretenir toujours un char à bancs, ce qui nous est absolument nécessaire.

« Je demande aussi que s'il arrivait quelque événement extraordinaire, comme maladie grave, voyage indispensable, ou enfin dépenses quelconques causées par des événements imprévus et qu'on ne pourrait éviter, tu m'aidasses à les supporter. Ce qui est de toute justice, n'ayant aucuns fonds sur lesquels je puisse les prendre.

« Je renonce au loyer d'écurie et de remise, parce qu'il n'est pas du tout dans mes idées. Cela me semble une chose de bien peu de valeur, pour la gêne que cela nous occasionnerait.

« Je pense que ceci doit rester absolument entre nous.

« Je suis prête à te montrer tous mes calculs. Tu verras que je fais tous les sacrifices qu'il m'est possible de faire et de faire faire à ceux qui dépendent de moi ».

Ainsi la pauvre mère a capitulé : la voilà toute pantelante de l'effort qu'elle vient d'accomplir. Que de combinaisons ont dû précéder la décision triste et héroïque où nous la voyons acculée !

Au verso de la même feuille le père a écrit sa réponse, raide comme un ultimatum, froide comme la nécessité :

« L'article des 600 francs, accordé.

« Celui d'augmentation en cas de celle de revenu, accordé.

« Celui d'une gratification en cas de bonne vente de denrées, accordé.

« L'article de la lie absolument refusé, mon intention étant, autant que faire se pourra, de vendre sans soutirage.

« Le droit de vendre nos meubles, refusé, à moins d'un remplacement subit, en même valeur. Liberté de vendre les vieilles voiture, char à bancs, charrette, sauf à avoir un char à bancs neuf ou le même, ce qui m'est indifférent.

« Pourquoi renoncer au loyer d'une écurie, cave et grenier à foin, et même d'une remise, tout cela inutile pour le moment ? Quand on n'en tirerait que 50 écus, ce serait toujours autant, et nous n'en éprouverions pas la moindre gêne ; dans notre position difficile, il ne faut rien négliger de ce qui peut l'alléger.

« Tu dois bien penser qu'en cas de maladie grave de quelqu'un de nous, voyage forcé, je ferai toujours tout ce que je pourrai pour t'aider, et si j'exige, ou plutôt si notre position exige des sacrifices de chacun de nous, je n'entends pas m'y soustraire personnellement. J'ai, je crois, toujours assez prouvé que je ne me croirais pas heureux, si je l'étais seul parmi les miens ».

Enfin la mère a joint, de sa main, une sorte de post-scriptum : « l'article des meubles est accordé, ainsi que je le demande ».

Dans cette détresse la mère songe moins à elle-même qu'à l'absent, sur qui la menace de pauvreté va peser plus forte, et qui, là-bas, lutte contre cette amère destinée qui, jusqu'ici, lui a tout disputé, la santé, la fortune, le bonheur du mariage. Ne sera-t-il pas impossible, désormais, à la mère, d'aider son fils, même au prix de ces sacrifices qu'elle s'imposait si volontiers ? Dès le lendemain de l'arrangement elle lui écrit : « Ton père, pour calmer un peu son inquiétude, et diminuer la gêne du moment, a changé ses conventions avec moi ; je suis beaucoup moins bien traitée, mais je tâcherai que cela aille cette année, et peut-être celle qui viendra sera-t-elle meilleure. »

Ah ! le découragement ne l'a pas abattue ! aussi bien la gloire poétique sourit à celui qu'elle voudrait heureux de tous les bonheurs ; et devançant le cri d'admiration qui va s'élever en France à l'apparition du petit volume, elle envoie au poète le jugement de son mari : « Il est très content de toi, enchanté de tes succès. Je lui ai lu plusieurs fois les vers que j'ai de toi ; il regrettait beaucoup de ne pas en avoir davantage. Il disait qu'ils étaient très beaux ; je jouissais de son bonheur ».

Elle est émouvante, cette scène de famille, qui se déroule entre la pauvreté à Milly, et la gloire à Paris.

Ne répétons plus, en tous cas, que le père et la mère de Lamartine n'ont pas été sensibles à la beauté des *Méditations* ; le fils a pu dire en toute vérité : « Ma mère, profondément tendre, les sentait avec son cœur, et pleurait quelquefois trop pour les écouter jusqu'à la fin de la pièce...

Mon premier et mon plus difficile prosélyte fut mon père [1] ».

Était-il indifférent, le père, qui écrivait à l'abbé Dumont, le 24 avril : « Je voudrais pouvoir, mon cher abbé, vous faire passer le *Moniteur* du 21 avril. Vous y verriez un rapport fait au ministre de l'intérieur sur les *Méditations poétiques* et une lettre du ministre à Alphonse qui lui envoie la collection des principaux ouvrages français par M. Didot, et les classiques latins de M. Lemaire comme un encouragement et une preuve d'estime pour ses talents... La seconde édition est épuisée, et le *Moniteur* du 21 fera sûrement débiter la 3e promptement ». De son côté, la mère admirait, mais elle rapportait à Dieu son bonheur : « Je suis bien contente de tes succès, écrivait-elle à son fils, le 17 janvier, parce que je sais bien qu'il ne t'enflent pas le cœur, et que tu juges parfaitement de la gloire de ce monde ».

***

Sa reconnaissance envers Dieu était d'autant plus vive, que son poète faillit succomber, avant même la publication du livre. En effet, le 1er février Lamartine disait à Mlle de Canonge, l'amie des jours radieux d'Aix : « Je ne vous ai pas écrit depuis un siècle, chère Eléonore, et voilà seulement un petit mot. Je suis tellement souffrant de mon malheureux foie depuis dix jours que je ne puis plus tenir une plume ; mais mon cœur ne varie pas » ; et le 17 février,

1. *Lamartine par lui-même*, p. 53.

il lui disait encore : « Voilà le premier mot que j'écris depuis 17 jours. J'ai été à toute extrémité, me voilà presque en convalescence [1] ».

Pendant cette crise, qui fut très grave, les amis du malade se relayaient à son chevet ; le duc de Rohan se distingua par son affectueux dévouement. Il écrivait à la mère de son ami, le 7 février :

« Je me suis chargé avec bien de l'empressement, madame, de vous donner aujourd'hui des nouvelles de notre Alphonse ; c'est de sa chambre qu'il est obligé de garder depuis quelques jours pour n'avoir pas assez soigné d'abord un rhume assez fort. Il paraît que l'humeur rhumatismale qu'il a presque constamment, même en santé, s'est portée sur la poitrine ; de la fièvre s'y est joint (*sic*) ; il garde le lit et est très faible par suite de la diète et des sueurs assez abondantes qu'il a eues ces jours derniers. Son médecin, que j'ai vu hier et aujourd'hui, m'a assuré qu'il n'y voyait aucun danger, quoique la maladie demande d'être soignée avec attention.

« Je suis chez lui le plus que je puis ; j'y serais à demeure si je pouvais lui être de la moindre utilité. Vous connaissez, madame, le tendre sentiment que je lui porte ; il serait mon frère que je ne l'aimerais pas davantage. Voyez d'après cela si vous pouvez compter sur mes soins et mon dévouement. C'est ce sentiment qui m'a porté à vous écrire pour vous dire franchement l'état dans lequel il est.

1. *Lettres inédites.*

Cliché Forestier, Mâcon.

Les Souvenirs lamartiniens du salon de Saint-Point (Saône-et-Loire).

Il est malade, mais, je le répète, il n'y a pas de danger, et au contraire, quoique son état soit sérieux, tous les symptômes depuis hier sont rassurants. Voyez d'après cela si vous jugez à propos de venir le soigner, et juger par vous-même de son état. Je vous promets dans le cas contraire de vous donner exactement et en détail de ses nouvelles.

« Ses dispositions morales sont les plus consolantes : une grande résignation, une douceur inaltérable et une ferme résolution de se donner à Dieu. Il m'avait demandé hier un prêtre. Je n'ai pas jugé devoir le lui envoyer, dans la crainte qu'il ne se fatiguât, le médecin m'ayant donné sa parole qu'il n'y avait pas de sujet d'inquiétude.

« Vous pouvez imaginer d'après cela, madame, de (*sic*) la véracité du compte que je vous rends de sa santé.

« J'ai mis en prières, tout ce que je connais de saints à Paris, et j'ai grande confiance que le Seigneur exaucera nos vœux, et rendra à la santé, à la religion, celui qui peut lui procurer tant de gloire. Je ne puis vous dire l'occupation où je suis de lui, de vous, de sa famille en vérité. Je crois que sa maladie m'a rendu fervent, tant je désire que mes prières soient bonnes.

« Veuillez agréer, madame, l'hommage de tous mes sentiments.

« Je viens de lui lire cette lettre, et il l'approuve. »

La mère, dût-elle compromettre le budget familial, accourut à Paris ; elle trouva son fils convalescent. Quel soulagement pour son cœur ! et aussi quelle joie d'entendre le murmure d'admiration qui montait autour du petit volume anonyme, paru dans les premiers jours de mars à la librairie gréco-latine de Nicolle.

Bientôt Lamartine obtenait le poste de secrétaire d'ambassade à Naples et se mariait.

Mlle Birch entra dans la famille des Lamartine par la grande porte de l'affection, et sa présence auprès d'Alphonse adoucit l'amertume de la séparation pour nos Mâconnais.

Nous ne raconterons pas le séjour de Naples, sur lequel Lamartine s'est longuement étendu dans ses *Mémoires*. Voici seulement quelques fragments de lettres, qui nous éclairent sur la vie de cœur de la mère et de son entourage à ce moment-là.

Le 3 septembre, elle partage les joies de l'installation du jeune ménage : « Vous avez un logement délicieux, un intérieur parfait », écrit-elle ; mais le royaume de Naples n'est pas tranquille : « Tout serait à souhait, continue-t-elle, si cela pouvait durer ; mais nous sommes dans un temps d'effervescence politique qui fait qu'on ne peut jamais compter sur un long avenir dans la même position ».

C'était bel et bien une révolution, et, pour ses débuts, Lamartine était jeté en pleines responsabilités. Sa mère, insuffisamment renseignée, ne s'alarmait pas à l'excès, et pour l'instant, elle se bornait à ces conseils de ménagère prudente et avisée : « Je suis bien aise que tu aies trouvé une bonne occasion pour vendre ta calèche. Je conçois bien que vous ne vouliez plus voyager avec deux voitures ; ce doit être fort cher et fort embarrassant. Je suis très fâchée de la cherté des logements et du nombre de domestiques qu'il vous faut ».

Heureusement Mme Birch accompagnait ses enfants, et prenait pour elle une partie de la dépense. Bonne Mme Birch ! la mère d'Alphonse l'appréciait beaucoup, et parlait d'elle avec tendresse : « Je n'ai pas besoin, écrit-elle, de te faire sentir combien vous devez lui rendre la vie douce et heureuse, pour la dédommager des sacrifices énormes qu'elle fait pour vous ; car, à son âge, quitter ainsi son pays, toutes ses habitudes, commencer absolument une nouvelle carrière, tout cela ne se fait pas sans éprouver de grandes révolutions, et je ne suis pas étonnée que toutes les beautés de la nature soient souvent sans grand mérite à ses yeux ».

A Milly, on a beau savoir que tout est bien à Naples : un climat divin, une vie facile, le travail de l'ambassade intéressant ; néanmoins l'absence des êtres chéris pèse aux parents restés en France : « Nous sommes encore à Milly, écrit la mère, mais nous le trouvons assez triste, notre maison étant si déserte. Je cherche autour de moi tant de chers enfants qui me manquent, et leur éloignement ne peut être compensé par rien. Tes deux sœurs qui me restent sont de plus en plus charmantes ; il n'est pas question de les marier. .. Avec beaucoup de qualités et d'agrément, on voudrait encore beaucoup d'argent, et nous ne pouvons guère en donner ».

Le père, qui est en séjour à Montculot, s'intéresse au jeune ménage, et lui qui ne voit pas Naples des yeux de l'imagination, il raille un peu l'enthousiasme des nouveaux habitants : « Je savais par ta mère, écrit-il, le 23 septembre, que tu étais aux bains d'Ischia ; je désire qu'ils te soient favorables. Il me semble que voilà bien de tes illusions de Naples détruites ; c'est, disais-tu, le pays par excellence, la vie y était à rien, la chaleur du pays était le véritable élément qui te fût favorable ; et voilà, aujourd'hui, que vous êtes dans un pays où la chaleur vous tue, et la cherté vous ruine. Je t'avoue que je t'aimerais bien mieux dans notre tranquille cité ou à Saint-Point, qui aura grand besoin de la présence d'un maître et de quelqu'un qui y fasse des affaires que mon âge et surtout ma santé ne me permettent pas d'y faire...

« Prends garde, mon cher ami, à monter ta dépense sur un trop haut pied ; je n'ai pas une grande idée de ton économie ; il faut que ta femme y supplée... Je te félicite de l'heureux choix que tu as fait et d'avoir trouvé une femme selon ton cœur, et dont tous les goûts soient conformes aux tiens...

« Je chasse beaucoup moins que je ne faisais, les forces ne sont plus les mêmes ; il faut se soumettre aux infirmités, quand on a 68 ans passés ».

Lamartine était-il déjà désenchanté de Naples, ou bien les réflexions de son père opérèrent-elles en lui une conversion ? toujours est-il qu'il jeta un coup d'œil de regret vers ce Saint-Point, qui lui rappelait une partie de sa jeunesse ;

un rêve champêtre flotta devant son imagination. Le père craignit d'avoir été trop persuasif, et, le 23 octobre, il mettait son fils en garde contre une décision précipitée : « Je t'engage, lui disait-il, à ne pas rester tout à fait inutile à l'ambassade, quand ta santé te le permettra. Ta carrière est belle et noble, tu serais peut-être fâché de l'avoir quittée trop promptement, surtout ayant des enfants. Je sais bien que cette vie de château, telle que ton imagination poétique te la peint, est séduisante ; mais dans une longue réalité, n'y trouve-t-on pas beaucoup de mécomptes ? Il faut dans ce monde avoir un but utile pour être heureux, et trop de repos devient souvent une vraie fatigue, parce que ce n'est pas l'état naturel de l'homme qui est fait pour le travail ».

Mais déjà Lamartine, avec sa mobilité d'esprit coutumière, s'était repris aux douceurs de la vie de Naples ; et il n'écoutait plus que d'une oreille distraite les conseils de modération et d'économie qui lui arrivaient de Milly : « Il faut, écrit la mère, bien ménager la bourse de Mme Birch, afin qu'elle ne se lasse pas d'être bonne pour vous ».

Elle se souvient aussi que son fils est poète, et elle l'engage à cultiver ses dons : « J'espère, lui dit-elle, le 3 décembre, que tu as mis la perfection au grand ouvrage religieux que tu avais commencé à Paris, et que ta foi se fortifie tous les jours, dans la douce société de ton ange. Il ne faut pas que cette foi ne soit que de pure spéculation, mais bien pratique.

« ... Je suis enchantée que tu fasses quelque chose pour

M. le duc de Bordeaux. Je le désirais ; il me semble que tu lui dois un hommage, et ce sera un hommage utile pour toi. Fais aussi paraître ton second volume ; il ne faut pas négliger les talents que la Providence nous a donnés ; il faut les mettre en œuvre, quand ils sont beaux comme les tiens, et qu'ils peuvent tourner à sa gloire ».

On le voit, les *Nouvelles méditations* étaient prêtes à paraître, à la fin de 1820 ; et nous ne le prendrons pas au mot, lorsque le 15 février 1823, il écrira avec désinvolture à Virieu : « Je viens de vendre 14.000 francs comptant mon deuxième volume des *Méditations*, livrable et payable cet été. Ayant vendu mon livre, il a bien fallu le faire, et je m'y suis donc mis depuis quelques jours, cela va grand train ». A ce moment-là, il fait la toilette du nouveau volume ; mais il n'a pas commis l'impardonnable faute de vendre d'avance des vers non éclos, comme on l'en a accusé.

Ce qui est vrai, c'est qu'il était déjà blasé sur la gloire poétique, et il ne semble pas ému, le 18 février, quand il parle ainsi à Fontenay de ses vers sur le duc de Bordeaux. « Mon ode malencontreuse a l'effet le plus déplorable, tous mes amis me la reprochent. Jugez des autres ! On dit que je ne ferai plus rien, que je suis tari ! Dieu veuille qu'ils aient raison [1] ».

1. Cette Ode trouva cependant des défenseurs : « M. de V..., lui écrivait sa mère (2 mars 1821), a trouvé de grandes beautés dans ton ode, et il me semble qu'il est bon juge. On l'a fait imprimer à Forcalquier, où il était et on l'a distribuée aux élèves du Collège. Nous l'avons relue avec lui, et je t'assure qu'elle est belle ».

Comme la révolution progressait à Naples, Lamartine crut devoir expédier à Rome sa femme qui était à la veille d'accoucher. Lui-même vint à l'ambassade française de Rome attendre la solution des événements. Un fils lui naquit, le 15 février ; la mère est heureuse : « Que de grâces je rends à Dieu, mon cher Alphonse, et quelle a été notre joie en recevant la bienheureuse nouvelle de votre fils [1]. J'ai donc un second Alphonse, joli comme était son père. Que Dieu le bénisse ! qu'il le conserve ! Combien je partage votre bonheur et celui de votre respectable mère ; ou plutôt il me semble que c'est vous qui partagez le mien. Combien je voudrais partager aussi les soins qu'elle donne à ce cher enfant. J'en suis jalouse ; je crains qu'elle ne soit plus sa grand'mère que moi ».

Sa sollicitude suivit la jeune famille dans tous ses déplacements, et elle aurait envisagé l'avenir avec pleine confiance, si la santé des deux Alphonse n'eût laissé à désirer. Son fils allait aux eaux d'Aix en 1821, à Plombières en 1822, et n'obtenait pas d'amélioration ; son petit-fils donnait des signes de fragilité. Elle l'avait auprès d'elle pendant les mois qui précédèrent le voyage des parents à Londres, et elle écrivait (26 juin 1822) : « Votre petit va bien, il se fortifie, et marche souvent seul, il est gai et aimable ; il n'y a que sa pâleur qui est toujours grande ; je pense que cela tient aussi aux chaleurs ».

L'enfant mourut à la fin d'octobre 1823 ; quelques

1. Voir l'article du Dr Babonneix : *Le Fils de Lamartine* (*Chronique médicale*, 1er sept. 1919).

mois avant (mai 1822) une fille était née, Julia, sur qui désormais la grand'mère reporta toute son affection. Comme les cœurs étaient unis ! Si Marianne est elle-même séparée de son mari, et vit auprès de la famille de Mâcon, la mère consent à lui céder la plume, pour donner des nouvelles à l'absent ; mais, à l'occasion, elle reprend ses droits, et son cœur lui dicte les paroles les plus tendres : « Adieu, lui écrit-elle un jour ; crois que si je m'en suis rapportée à Marianne jusqu'à présent pour t'écrire, je ne m'en rapporte pas à elle pour t'aimer. Nous n'avons rien à nous apprendre l'une à l'autre là-dessus, et nous faisons assez bien notre devoir ; cette bonne Marianne ! c'est de plus en plus un ange, et sa mère une excellente femme ».

Les années qui suivirent furent heureuses, à peine assombries par les nuages qui parfois obscurcissent la sérénité des plus beaux ciels.

Ainsi la mère souffrit plus que le fils lorsque celui-ci, en 1824, échoua à l'Académie française, qui lui préféra Droz : « J'ai été fâchée, lit-on dans le *Manuscrit*, d'avoir trop engagé mon fils à se présenter. J'ai été affligée surtout pour mon mari qui mettait un grand intérêt à ce succès [1] ».

Pourtant elle avait mené en faveur de son candidat une campagne active et adroite, dont les détails nous sont connus depuis les études récentes de M. Pierre de Lacretelle et de M. Doumic.

1. Au 4e tour, Droz obtint 19 voix et Lamartine 16.

Nous savons aussi la douleur qu'elle éprouva à lire dans le *Chant du Sacre* les vers malencontreux pris par le poète dans la bouche du roi sur les d'Orléans :

Ce grand nom est couvert du pardon de mon frère,
Le fils a racheté les crimes de son père ;
Et comme les rejets d'un arbre encor fécond
Sept rameaux ont caché les blessures du tronc.

La même année, la mère confiait à son journal les scrupules qui gênaient son admiration pour le *Dernier chant du pèlerinage de Child Harold* : « Il y a des passages, écrivait-elle, qui me font de la peine ; je crains qu'il n'ait un enthousiasme dangereux pour les idées de philosophie et de révolutions contraires à la religion et à la monarchie, ces deux jalons de ma route qui devrait être aussi la sienne [1] ».

C'est ce même poème qui allait produire la provocation en duel lancée par le colonel Pepe à Lamartine, nommé secrétaire d'ambassade à Florence. Le fier patriote italien vit une insulte à son pays dans l'arrivée d'un diplomate, qui avait mis sur les livres de Child Harold un adieu outrageant à l'Italie :

Je vais chercher ailleurs (pardonne, ombre romaine !)
Des hommes et non pas de la poussière humaine !

1. *Revue du Palais*, 15 mai 1905, et *Revue des Deux Mondes*, 15 sept. 1907.

Il est inutile de s'attarder sur ces événements éclairés par la pleine lumière de l'histoire ; on ne lira cependant pas sans intérêt une lettre toute chaude encore de l'émotion du duel : c'est la femme de Lamartine qui expose l'affaire à sa belle-mère (19 février 1825) :

« Réjouissez-vous, ma très chère mère. Nous n'avons que des grâces à rendre à Dieu. Alphonse s'est conduit admirablement et il est le héros du jour, sans avoir en aucune chose manqué à ses principes religieux ; et la protection de la Providence a été évidente pour nous.

« Il a paru, il y a dix jours, une petite brochure italienne, où il y avait une phrase offensante pour Alphonse [1]. Il s'est cru obligé d'écrire à l'auteur, le colonel Gabriel Pepe, Napolitain exilé ici, pour lui demander s'il avait entendu faire porter le sens de ses paroles sur ses ouvrages ou sur lui-même. L'offense ayant été public (*sic*), il fallait que la satisfaction le fût, et après deux ou trois lettres très sages et très modérées il a fallu en venir à une affaire.

« Alphonse, avec son pied en pantoufle, se transporta chez le colonel qui très honorablement refusa de se battre avec lui tant qu'il n'aurait pas l'usage complet de son pied. Alphonse alors lui proposa de se battre au pistolet, ce qu'il refusa également avec des expressions honorables pour Alphonse.

1. L'auteur de la brochure signalait les « boutades » du « rimeur du *Childe Harold* », « boutades, disait-il, que nous pourrions considérer comme des injures si, au dire de Diomède, les coups des ramollis et des impuissants avaient le pouvoir de blesser quelqu'un. » Cf. A. de Gubernatis, *Un Duel historique* (*Revue des Revues*, 1er déc. 1897) et G. Cenzatti, *Lamartine et l'Italie*, Livourne, 1902.

« Je vous vois frémir, ma chère mère ; mais rassurez-vous. Alphonse avait la paix de la bonne conscience, parce qu'il était intérieurement résolu de tirer en l'air si c'était au pistolet, et de ne faire que parer et se défendre si c'était à l'épée. Il se croyait autorisé de s'exposer personnellement pour défendre son honneur, l'honneur de sa place, et celui de sa nation, comme homme public, sans attenter à la vie d'un autre.

« Enfin après quelques discussions il fut résolu qu'ils attendraient quinze jours pour la guérison d'Alphonse. Mais sur ces entrefaites la police eut vent de ce qui s'était passé, et comme ils sont très sévères sur ce sujet en Toscane, Alphonse apprit hier soir que le colonel avait ordre de comparaître aujourd'hui pour être questionné, et certainement ou arrêté ou obligé de quitter le pays.

« Ceci rendait la position d'Alphonse bien grave, parce qu'on n'aurait pas manqué de dire que cette persécution venait de la légation. Vous pouvez juger ce qui se serait dit. Alphonse prit immédiatement son parti et lui écrivit pour lui demander le rendez-vous à sept heures ce matin [1]. A

1. Il lui écrivait : « Colonel, je repense à ce que vous m'avez dit, et je crains un départ ou une surveillance, bien contraire à ma délicatesse. Je vous assure que mon pied me laisse en état de marcher, si vous le vouliez, et je vous en aurais une sincère reconnaissance. L'affaire en question aurait lieu demain avant l'heure de la police, à 8 ou 9. Ne me refusez pas.

« J'attends votre réponse ou ce soir par le porteur ou demain à sept heures du matin. J'ai mon témoin tout prêt. Vous feriez avertir le vôtre de très bonne heure, et tout serait terminé avant votre interrogatoire. Ce serait mieux pour vous et mieux pour moi.

« Ne voyez en ceci aucun empressement hostile, mais une crainte bien natu-

deux heures après minuit le colonel vint encore chez nous refuser par délicatesse, et nos domestiques ne sachant qui c'était refusèrent très prudemment de le laisser entrer.

« Enfin de grand matin Alphonse partit avec M. de V. (Virieu), se rendit chez le colonel, et l'obligea à consentir. Ils envoyèrent immédiatement prendre l'autre témoin, et par une adresse inouïe ils échappèrent à huit sbires de la police qui étaient à leurs trousses, et qui avaient fait sentinelles à leurs portes respectives toute la nuit.

« Tout se passa de la manière la plus honorable pour tous les deux. Alphonse ne fit que se défendre et ne porta pas une seule botte à son adversaire. Il a reçu une blessure au bras, mais qui ne sera rien. Il est parfaitement calme, sans fièvre, et vous jugez de notre bonheur à tous.

« Le colonel rend un témoignage éclatant de la conduite d'Alphonse, et comme c'est un homme reconnu pour sa bravoure et sa conduite militaire (quoique dans des circonstances qui l'ont forcé de quitter son pays), cette affaire a fait le meilleur effet possible. Jugez avec quelle double force arrivera l'explication littéraire qui va paraître, après une affaire qui a montré toute la fermeté, la modération et la sagacité d'Alphonse [1].

« Son premier soin a été de prévenir les conséquences

relle de fâcheuse interprétation pour moi et de désagréments que je voudrais vous éviter à tout prix.

« Agréez tous mes sentiments d'estime et de considération. »

18, Florence.

1. Cette explication parut sous ce titre : *L'interprétation d'un passage du Ve Chant de Childe Harold.* Lucques, 1826, 16 p. in-8°.

qui pouvaient en résulter pour le colonel, qui devaient être des plus fâcheuses, les lois étant très sévères. Mais à force de démarches tout a été obtenu. Il est en liberté, et nous devons dîner tous ensemble demain chez un ami mutuel. La chose est censée non avenue, quoique connue de toute la société.

« Le marquis de la Maisonfort s'est très bien conduit dans tout ceci [1], et Mme E. (Ermangart) nous a montré un grand intérêt. Mais il est impossible de vous dire tout le bon effet que cette affaire a produit. D'abord tous les amis des deux côtés qui ont été témoins du calme, du sang-froid, de la modération et de la fermeté d'Alphonse pendant dix jours que ceci a été traité, en sont enchantés, et disent hautement qu'il a été admirable. Les témoins font également foi de son extrême bravoure et calme intrépidité.

« Ainsi encore une fois nous n'avons qu'à rendre grâces à Dieu, ma très chère mère, et nous espérons que son père et son oncle seront très satisfaits de sa conduite, et que, à Paris, on sera content de la manière qu'il a soutenu l'honneur national » [2].

Mme de Lamartine avait vu juste ; la haute société de Florence fut gagnée par l'héroïsme tranquille et chevale-

1. Voir ci-dessous.
2. Mme de Lamartine a ajouté quelques lignes datées du « lundi » : « Alphonse est très bien, et il nous revient de tous côtés les choses les plus flatteuses. Les Italiens les plus montés contre nous, avant, sont tous convertis, et je crois que la position d'Alphonse va devenir beaucoup plus belle qu'il (*sic*) n'a jamais été. Nous avons des amis qui sont très chauds et des ennemis... » (*la suite fait défaut*).

resque du diplomate ; et celui-ci jouit d'une grande popularité ; la mère en félicite Marianne en ces termes : « Ce que vous me dites de la manière distinguée dont on prévient Alphonse flatte mon orgueil maternel, quoique par suite de ce même orgueil je n'en sois pas bien étonnée. Je crains seulement que cela n'excite peut-être un peu de jalousie de la part de ceux qui sont vus plus froidement. Mais vous jouirez de ces petits triomphes avec tant de modestie qu'on vous les pardonnera facilement ».

Pourvu que Julia s'accommode de ce nouveau climat et de ce langage insolite pour ses oreilles ! « Alphonse, écrit-elle, m'en parle avec ravissement dans ses deux dernières lettres. C'est un vrai prodige que votre chère enfant, et elle est en bonnes mains pour cultiver ses heureuses qualités ».

Sur le séjour de Florence la *Correspondance* est particulièrement riche en documents [1] ; elle contient de nombreuses lettres de Lamartine à sa mère [2]. Nous emprunterons quelques lignes aux réponses de celle-ci, pour montrer

1. A en juger par la lettre qu'il écrivait au ministère toscan : « J'apprends à l'instant que M. le colonel P. est aux arrêts dans sa chambre. Cela ne peut être, M., qu'une erreur, ou pour mieux dire une suite des ordres donnés avant notre entrevue. Je vous supplie de faire savoir à M. le Président du Buon Governo, ce dont nous sommes convenus ensemble, c'est-à-dire qu'il ne sera donné aucune suite à cette affaire, et que M. le colonel P. ne sera nullement inquiété. Le ministre faisant fonction de ministre des Affaires étrangères l'a promis au ministre du Roi de France. Des engagements de cette nature sont sacrés entre des gens tels que nous. »

2. Il faut aussi lire les articles de Frémy (*Lamartine diplomate*, *Correspondant*, 1890) et de Farges (*Lamartine à Florence*, *Revue de Paris*, 1900).

le retentissement qu'avait à Milly le bonheur des enfants exilés dans la brillante Italie.

Ainsi, le 8 novembre 1826, elle écrit : « Nous avons bien parlé de vous, le jour de la Saint-Charles, et de votre dîner de représentant de la nation française ; nous en étions fiers dans notre petit coin... Adieu, mes enfants, mes bien chers enfants. Aimez votre vieille mère, à qui il est arrivé soixante ans depuis deux jours. Cela fait faire de bien sévères réflexions, mais cela ne m'attriste pas ».

Le 29 novembre, sa pensée est encore aux fêtes de Florence : « Combien j'aurais voulu, écrit-elle à sa belle-fille, voir passer le cortège à la tête duquel était Alphonse ! j'aurais été trop fière, et je ne veux pas dire comment je me le représente, et vous, ma chère Marianne, dansant avec le grand-duc, et toutes vos princesses vous comblant de distinction, et votre presque roi d'Angleterre vous faisant une visite. Quelle est la modestie qui peut tenir à tout cela ? C'est la vôtre, ma chère Marianne, et je suis bien sûre que nous vous reverrons aussi bonne, aussi simple, qu'avant toutes vos gloires ».

Une seule ombre au tableau ! le faste des réceptions est coûteux : « J'ai toujours de la peine, écrit-elle à son fils, le 9 décembre 1826, à ne pas m'inquiéter de vos énormes dépenses ; cependant je pense bien comme toi, et comme je te le disais l'autre jour, qu'il faut faire ce qui est de sa position, raisonnable, et puis, que c'est de l'argent semé noblement et qui portera son fruit... En vérité, je crois que tu es pour ta part dans le grand empressement des voyageurs pour aller à Florence dans ce moment. Le bon accueil que tu leur fais ne doit pas nuire à ta réputation ; ils vont tous revenir enchantés ; et cela vaut bien la peine de se ruiner un peu ».

A la condition cependant de ne pas *faire de folies*, et de ne pas s'implanter trop profondément à Florence par l'achat d'une maison [1]. Le 8 novembre 1827, elle met son fils en garde contre cette double tentation : « Cette maison de Florence me fait bien un peu peur. Mais je prie Dieu de vous éclairer sur vos vrais intérêts, et je m'abandonne à votre sagesse et à votre tendresse, je ne veux rien dire de moi. Nous craignions que cela ne pût nuire à tes intérêts vis-à-vis de tes tantes ; réfléchissez-bien, si cela ne présente pas trop l'idée d'abandon de son pays. Ces voyages de deux fois l'an sont bien chers et souvent bien difficiles. D'un autre côté cette santé de Marianne que vous dites s'améliorer par le climat, c'est un motif bien déterminant... »

Aussi bien sa famille de France pouvait être rassurée sur son attachement pour le pays natal. Lamartine ne venait-il pas d'écrire sa belle *Harmonie* sur Milly ?

Lorsqu'il s'était ouvert à sa mère de ce projet poétique, comme elle avait été agitée d'une douce émotion ! « Je meurs d'envie d'avoir tes vers, écrivait-elle. L'idée seule de tout ce qu'il (Milly) a pu t'inspirer m'attendrit extrêmement.

1. On trouvera dans la *Correspondance* (t. III, p. 78, 108 et 109) des détails sur cette acquisition. Le 10 octobre 1829, la mère écrivait : « Je suis bien aise que votre maison de Florence se vende ; j'étais fâchée de cette non-valeur de vos capitaux. »

Cliché Forestier, Mâcon.

Intérieur du tombeau de Lamartine à Saint-Point.

Que de souvenirs doux et tristes ! avec quel plaisir je me rappelle ta charmante et heureuse enfance ! que de jouissances j'avais alors ! puis, que de peines se sont mêlées à mes jouissances ! puis ensuite, que de bonheur a succédé à ces peines ! quelle Providence ! quelles grâces du ciel ! que ne lui dois-je pas pour m'avoir donné mon Alphonse, et me l'avoir conservé au travers de tous les orages d'une âme aussi ardente, aussi sensible que la sienne, et souvent si mal comprise ! Ne revenons pas sur ce qui est pénible, bénissons Dieu sans cesse de sa miraculeuse protection, et que tous les moments de notre vie, tous les sentiments de notre cœur lui soient consacrés ».

Ainsi s'estompaient dans la mémoire de cette bonne mère les heures douloureuses, pour ne laisser en pleine lumière que les heures radieuses de cette enfance, où pieusement elle veillait sur cette âme d'élite, pour en faire le sanctuaire du génie. Comme on comprend, après avoir lu cette lettre, la glorieuse responsabilité de la mère dans la préparation de cette poésie qui avait transformé l'imagination française !

La mère lut *Milly* et devançant le jugement de la postérité, elle écrivait, le 24 février, son inoubliable impression à sa belle-fille : « Nous les avons, ma bonne chère Marianne, ces admirables vers de notre Alphonse. M. de Montherot nous les a envoyés tout de suite ; il savait trop le plaisir qu'ils nous feraient. Nous les avons reçus hier au soir. J'ai voulu les lire tout haut à mon mari et à Sophie. Je n'aurais pas voulu que personne les lût avant moi.

« Le commencement a encore assez bien été, mais à mesure que j'avançais, que j'arrivais à tous ces détails si touchants, à ces souvenirs si vifs, si tendres, qui me pénétraient l'âme, ma voix s'altérait, je suffoquais. Mon mari voulait me prendre ces vers, je les retenais ; enfin, je me suis fait une telle violence que je les ai achevés. Puis, j'ai pleuré à mon aise ; puis, je pleure en les relisant.

« Comme tout y est bien peint ! que d'âme, quelle belle poésie ! mais surtout quel cœur sensible, religieux, reconnaissant !

« Mon article est cent fois trop beau. C'est ce que j'aurais dû faire, et que je n'ai pas toujours fait comme je l'aurais dû ; mais enfin si quelques secours donnés à nos pauvres habitants de Milly, si quelque œuvre de charité inspirée à mes enfants, a pu m'attirer des prières, et ces prières des bénédictions du ciel, oh ! quelle plus précieuse bénédiction pouvais-je avoir que des enfants tels que les miens ! Et vous savez bien, ma chère Marianne, que vous êtes aussi tout à fait mon enfant et que vous êtes certainement bien au nombre de mes récompenses. Puissions-nous aussi en être une pour vous, qui en méritez tant !

« Mon mari trouve aussi dans sa modestie beaucoup à supprimer dans ce qui le regarde. Il le disait très sincèrement ; mais je trouve que c'est admirable.

« Je les ai donnés à vos oncle et tantes, à qui M. de Saint-Léger les a lus, comme il a pu. Ils en ont été bien touchés, et les ont encore. Mais je vais aller les reprendre et les relire encore.

« Voilà notre Milly illustre à jamais, malgré l'âpreté de sa description, où il n'est sûrement pas flatté (trois mots illisibles) ; je vais l'aimer encore plus, si cela se peut.

« J'ai été bien contente de l'invocation au ciel, pour qu'il ne soit jamais vendu. Mon mari en parlait quelquefois, et cela me désolait. J'aurai bien plus de force à le défendre à présent, et il n'en sera sûrement jamais plus question.

« J'avais besoin, mes chers enfants, de soulager tout de suite mon cœur en parlant avec vous de toutes mes émotions. J'ai eu vraiment un moment de joie, d'orgueil, de tendresse, qui ne peut se rendre, et comme il y en a bien peu dans la vie, et souvent jamais. J'ai remercié Dieu, je le remercie, et je le supplie que nous soyons toujours tout à lui ; car ce n'est que ce qui vient de lui, qui reporte à lui, qui peut causer les vraies joies ».

Quel poète, disons-nous à notre tour, et quelle mère ! Les larmes de celle-ci sont pour celui-là comme la consécration suprême du génie : Milly est immortel ; immortels aussi cette mère et ce fils, qui ont répandu sur l'humble village les effusions inspirées de leur cœur, et y ont ouvert une source éternelle de poésie.

Une autre grande joie vint à la mère de l'élection de son fils à l'Académie, en 1829. C'était sa revanche de la déception de 1824. Aussi encouragea-t-elle son fils à ne rien négliger pour assurer un succès qui d'abord parut certain.

« Nous sommes bien aises, lui dit-elle, le 25 septembre, que tu aies écrit à M. Lainé à ce sujet... J'ai une lettre de ma sœur qui regarde ta nomination à l'Académie comme une chose si certaine qu'elle m'offre de me loger et m'engage à aller à Paris pour entendre ton discours de réception ».

Mais les prévisions académiques sont variables, et le candidat ne peut compter sur le vote des immortels qu'après le scrutin. La mère s'inquiète, et à bon droit ; elle voudrait tant que ce fût le tour de son fils ! « Je le voudrais, lui dit-elle (10 octobre), pour ton père, plus que pour tout autre chose, car il est extrêmement occupé de cette idée ; il sait le nom, l'ordre de tous les académiciens, leur opinion plus ou moins favorable pour toi ».

Lamartine commit des imprudences. D'abord, pour se venger d'être ainsi tenu en suspens, n'eut-il pas l'imprudence d'écrire six cent vers contre l'Académie ; Aimé-Martin, qui, dans cette circonstance, servit habilement les intérêts de son ami, l'invitait à une discrétion absolue : « Il y aurait, lui écrit-il, le 21 octobre, de quoi compromettre un succès que vos amis croient certain ». Ensuite, Lamartine refusa de se soumettre aux formalités d'usage, et de recommencer les visites qu'il avait faites en 1824 : « Je crains que cela ne soit trop présomptueux, lui écrivait sa mère (22 octobre), malgré les beaux articles des journaux, et que l'Académie ne soit trop fière pour déroger ainsi à ses lois ».

A la veille du scrutin, le père faisait les plus fâcheux pronostics : « D'après ce que tu nous dis de l'Académie, lui écrivait-il (6 novembre), je vois que tu n'as aucun espoir, et cela me paraît tout simple, puisque tu n'as pas voulu te présenter selon les formes usitées ; on peut dire que tu fais beau jeu à M. de Ségur, qu'on n'a mis en avant qu'à ton défaut, et qui sera sûrement nommé d'emblée ».

Ce fut une fausse crainte, et la mère pouvait écrire, le 9 novembre, à l'heureux candidat :

« Que Dieu te bénisse, mon cher Alphonse, et te préserve du danger des honneurs de ce monde ! En voici un extraordinaire et bien inattendu. Ton pauvre père est enchanté. Il disait : *J'ai bien besoin d'argent, mais on me donnerait 30.000 francs que je ne changerais pas.* Je suis aussi très contente pour ma part, et je veux dire surtout pour la sienne. Ta dernière lettre qui nous avait fait croire encore plus à l'impossibilité de ta nomination l'avait fort affligé ; il faisait beaucoup d'efforts pour se résigner chrétiennement ; mais on voyait sa peine, qui prenait même un peu sur son humeur et sur sa santé. Il te blâmait beaucoup de n'avoir pas été à Paris.

« J'avais fait mon sacrifice, tout en étant triste aussi de cette occasion manquée; j'étais partie pour Milly, étant très sûre que dans la prochaine gazette on annoncerait la nomination de M. de Ségur, et j'étais étonnée et fâchée en partant, d'entendre ton père me dire : *s'il y a quelque bonne nouvelle, je t'enverrai un exprès à quelque heure que ce soit.* Je lui répondis (ce que je croyais) qu'il n'y avait aucune espèce de probabilités lorsque, hier, presque avant le jour, j'ai entendu un cheval dans la cour, et enfin j'ai reçu un petit mot de ton père, m'envoyant ses lettres et me disant : *On annonce la nomination d'Alphonse, mais je n'ose y croire.* Moi, je n'en doutais pas, voyant le billet de M. de la Hante et une lettre de M. de Saint-Albin, son confrère au syndicat, qui, m'ayant vue chez lui, m'écrivait presque au moment de ta nomination. C'était la seule nouvelle qui avait pu parvenir à Mâcon.

« Je partis tout de suite pour partager la joie de ton père. Je le trouvai doutant encore et attendant les gazettes avec un empressement et une anxiété difficile à rendre. Enfin, elles arrivèrent, et apportèrent la confirmation désirée. Nous fûmes tout de suite accablés de visites et de compliments qui m'ont paru en général bien sincères ; je le crois d'autant plus, que tu es vraiment très aimé, et puis, que l'on regarde cela comme une gloire pour le pays... »

Dix jours après, la mère de Lamartine était victime du tragique accident du bain, et mourait dans d'affreuses douleurs.

Jamais une mère ne fut pleurée par son fils avec des accents de douleur aussi émouvants. L'épilogue du *Manuscrit de ma mère*, en particulier, contient l'expression attendrie de cette affection qui tout à coup se heurtait à la mort, et recevait le grand choc dont les enfants des hommes ne se consolent jamais. Nous respecterons ce deuil ; nous nous permettrons seulement de verser sur ce tombeau l'hommage touchant que Lamartine insérait dans une lettre récemment publiée par M. Barthou [1] : « Je ne puis jamais dire à personne et jamais le dire à moi-même, ce que c'est pour moi qu'une pareille perte. Il faut, pour la

1. *Journal de l'Université des Annales*, 1er octobre 1919.

comprendre, avoir vécu trente ans avec une créature vraiment surhumaine, et avoir été comme moi la pensée de toute sa vie, le sentiment de toute son âme. Je puis dire que, désormais, je vivrai moitié moins. C'est la mort de tout mon passé, c'est une partie si douce de mon avenir ! Je n'ai heureusement pas à me reprocher de ne l'avoir pas senti quand elle vivait... Je ne lui ai pas causé une minute de chagrin volontaire, excepté par les légèretés de ma jeunesse qu'elle me pardonnait avant que je me les fusse pardonnées à moi-même. C'était la vertu la plus indulgente que j'ai vue ».

Ces deux êtres supérieurs se sont aimés d'une affection absolue, et la postérité ne sépare pas dans son admiration la mère incomparable du fils incomparable, qui lui dut une part de son génie et de son âme.

ERRATA

P. 34, note 1, *lire* Vignet *au lieu de* Vigne.

P. 44, fermer les guillemets après le mot Providence, 5e ligne avant la fin.

P. 73, 2e ligne, *lire* : les vers malencontreux mis par le poète, *au lieu de* pris par le poète.

id., 4e ligne avant la fin, *lire* : sur les lèvres de Child-Harold, *au lieu de* livres.

id., 8e ligne, supprimer l'appel de note 1 et le reporter à la dernière ligne de la page 72 : *M. Doumic* [2].

P. 78, 3e ligne avant la fin, supprimer l'appel de note 1, et reporter cette note à la page 77, note 1, au lieu de : *Voir ci-dessous*.

TABLE DES PLANCHES

MACON, PROTAT FRÈRES, IMPRIMEURS. — MCMXXV

www.ingramcontent.com/pod-product-compliance
Ingram Content Group UK Ltd.
Pitfield, Milton Keynes, MK11 3LW, UK
UKHW021106260726
13994UKWH00002B/741

9 782329 438764